AUSBILDUNG
AKTIV

Wolfgang Esser, Karl Milz

Deutsch

D1726036

Stam

Ich denk, ich spinne

Andy und Jonas treffen sich auf der Domplatte in Köln.

Andy: Hallo!

Jonas: Grüß dich Andy, wie geht's?

Andy: Schlecht! Mir ist da ein Ding passiert. Meine neue Jacke ist geklaut worden.

Jonas: Was, die neue, die so teuer war?

Andy: Genau die. Vorgestern war die nach der Schule auf einmal weg.

Jonas: Also verwechselt hat die keiner. So eine hat niemand außer dir.

Andy: Das hab ich mir auch gedacht. Ich bin direkt zum Hausmeister und habe den Diebstahl gemeldet. Aber wie soll ich beweisen, dass die geklaut worden ist? Und dann gestern die Härte. Ich wollt ins Kino und traf dort den Sven.

Jonas: Sven Dreschmann, um den man am besten einen Bogen macht?

Andy: Ja, genau den. Ich denk ich spinne, denk ich. Trägt der doch meine Jacke und kommt sich vor wie Michael Jackson.

Jonas: Wenn der die hat, dann kannst du deine Jacke abschreiben. Wenn der die hat, ist die weg.

Andy: Da sagste was. Aber ich hab ihn doch nach meiner Jacke gefragt. Die Antwort kam handschriftlich. Also: Ich krieg ein paar gedonnert. Bevor ich reagieren kann, schnauzt der mich an: Das ist meine Lederjacke, kapiert! Wehe du behauptest etwas anderes oder sagst jemandem etwas davon. Dann haue ich dir so in die Fresse, dass dich deine eigene Mutter nicht wiedererkennt.

Jonas: Und du?

Andy: Ich nix wie weg. Oder meinst du, ich wollte wie ein Papagei nach Hause kommen. Und jetzt stehe ich ziemlich blöd da. Wenn ich zur Polizei gehe, habe ich meine Jacke wieder. Aber wenn ich an den Dreschmann denke …

Lesen Sie den Text. Tragen Sie ihn mit verteilten Rollen vor.
Sprechen Sie darüber. Sagen Sie, was Sie davon halten.

Schreiben Sie auf, wie sich Sven verhält.

_____

_____

_____

Versetzen Sie sich in die Situation des Andy.
Was würden Sie an seiner Stelle machen?

_____

_____

_____

Tragen Sie vor.

Sven, der King

Sven ist 16 Jahre alt. Sein Vater Herbert Dreschmann ist Facharbeiter und verdient ca. 1.950,– EUR netto monatlich, seine Mutter ist Büroangestellte und verdient monatlich ca. 900,– EUR netto. Sven hat eine 11-jährige Schwester. Familie Dreschmann bewohnt in einer Wohnsiedlung eine Neubauwohnung mit vier Zimmern zum Mietpreis von 500,– EUR. Herr Dreschmann ist ein Autonarr und kauft sich alle zwei Jahre einen anderen Wagen. Zurzeit fährt er einen 3-Liter-Wagen. Herr Dreschmann kommt nur zum Wochenende nach Hause, da er beruflich viel unterwegs sein muss. Familie Dreschmann ist ständig bemüht, das Neueste, Modernste zu besitzen. So haben sie zum Beispiel in fünf Jahren das dritte Wohnzimmer gekauft. Sie kleiden sich immer nach der neuesten Mode. Seine Freizeit verbringt Sven mit seinen Freunden vornehmlich in der Disko, im Kino, bei Sportveranstaltungen und im Fitnesscenter. Er will immer und überall der King sein und markiert ständig den dicken Macker. Um auch den Mädchen zu gefallen, stylt er sich auffällig. Sven fällt es schwer, das alles zu bezahlen.

Lesen Sie Sie den Text. Stellen Sie dann Vermutungen an.
Warum ist Sven zum Dieb geworden?

Verwenden Sie
zum Begründen
Begründungswörter:

da · weil · daher · deshalb · aufgrund · denn · also · folglich demnach · darum · damit · sonst · andernfalls · indem · nämlich

Mögliche Gründe für den Diebstahl:

_____

_____

_____

_____

Tragen Sie vor.
Kennen Sie einen ähnlichen Fall?

Berichten Sie über einen Diebstahl, den Sie selbst erlebt haben oder von dem Sie gehört haben. Vielleicht können Sie auch Motive nennen.
Schauen Sie die genaue Bedeutung des Fremdwortes im Wörterbuch nach.

Motiv: _____

_____

_____

_____

Wie man so ist

Die Eltern von Andy haben mit Sven's Eltern gesprochen. Nun muss Sven Andy die Jacke zurückbringen. Dabei kommt es zu folgendem Gespräch.

Sven: Guten Tag.

Andy: Guten Tag Sven.

Sven: Eh, mh, – Ich – wollte dir nur deine Jacke wiederbringen. Da hast du sie! Übrigens entschuldige ich mich hiermit auch. Also dann: Tschüs.

Andy: Einen Augenblick mal bitte. Ich möchte doch mal wissen, wieso gerade du meine Jacke geklaut hast. Hast du das denn nötig? Du hast doch immer alles.

Sven: Was heißt alles. Alles kann man ja leider nicht haben, denn dazu fehlt das Geld.

Andy: Das musst du gerade sagen. Ihr habt doch mehr Geld als wir.

Sven: Wir brauchen ja auch mehr. Wir haben eine tolle Wohnung und die ist auch teuer. Und auch die anderen Sachen kosten viel Geld. Vorige Woche hat mein Vater sich noch einen neuen Wagen bestellt. Einen klasse BMW 325i.

Andy: Das versteh' ich nicht. Wir haben auch eine schöne Wohnung und einen Wagen mit dem wir rausfahren können. Trotzdem kommen wir mit viel weniger Geld aus. Ist das denn alles nötig?

Sven: Du hast doch keine Ahnung Andy. Du weißt doch gar nicht, was man heute alles braucht. Wenn mein Vater jetzt bald mit dem BMW auf Montage fährt und kommt dann in einem Betrieb an, in dem er arbeiten muss, das sieht doch ganz anders aus, als ob er mit dem Werkswagen ankäme. Meine Eltern gehen häufig aus, wenn mein Vater am Wochenende nach Hause kommt. In ihrem Bekanntenkreis, da wird auf modische Kleidung geachtet. Und meine Freunde und ich, wir gehen nicht immer wie ihr auf den Sportplatz Fußball spielen oder tun sonst irgend so was. Wir verbringen unsere Freizeit lieber im Kino oder in der Disko. Was meinst du, was alles im More-Club läuft, wie da die Post abgeht.
Und was die Jacke betrifft Andy, so haben die noch ganz andere Klamotten als ich.

Andy: Wieso muss man denn so leben?

Sven: Mensch, bist du denn überhaupt nicht auf dem Laufenden? Schau dir doch nur abends die Werbung im Fernsehen oder auf Plakaten und in Zeitungen oder die ganzen Serien an. Da kannst du doch sehen, wie man heute zu leben hat.
Ich muss aber jetzt weg. Tschüs.

Lesen Sie den Text.
Tragen Sie mit verteilten Rollen vor.

Unterstreichen Sie im Text, wie Familie Dreschmann lebt.
Von wem lässt sich Familie Dreschmann beeinflussen?

_____

_____

_____

Tragen Sie vor.
Sagen Sie dazu Ihre Meinung.

Lesen Sie den Spruch. Tragen Sie ihn vor.
Versuchen Sie den Sinn zu erklären.
Beziehen Sie ihn auf Familie Dreschmann.

Lebensweisheit:

„Wer mit dem Leben spielt,
kommt nie zurecht;
wer sich nicht selbst befiehlt,
bleibt immer ein Knecht."

J.W.v.Goethe

Deutsche randalieren – Polizist liegt im Koma

Paris. (afp) Die Polizei hat gestern 93 Deutsche festgenommen, die vor und nach dem WM-Spiel zwischen Deutschland und Jugoslawien in Lens randaliert hatten. Ein Polizist wurde dabei so schwer verletzt, dass er am Abend ins Koma fiel.

Kneipengäste schwer verletzt

Nach einer Meinungsverschiedenheit beim Billard hat ein 33-jähriger Mann in einer Höhenberger Kneipe mehrere Kneipengäste niedergeschlagen und zwei von ihnen schwer verletzt.

15 Schläger randalierten

Euskirchen – 15 Schläger zogen Sonntagnacht gegen 23.30 Uhr mit Knüppeln bewaffnet durch die Alfred-Nobel-Straße in Euskirchen. Mit den Stöcken schlugen die Täter im Alter zwischen 17 und 23 Jahren auf abgestellte Fahrzeuge, Zäune und Hauswände ein. Mehrere Anwohner, die durch den Krach aufgeweckt wurden, liefen auf die Straße und wurden von den Schlägern angegriffen. Drei Anwohner wurden dabei verletzt.

Lesen Sie die Berichte.
Sprechen Sie über die Problematik.
Suchen Sie nach Motiven.

Sie haben selbst auch schon Gewalt gespürt oder sogar Gewalt angewendet?
Manche Menschen meinen, dass Gewalt die beste Lösung bei Konflikten ist.
Schreiben Sie auf, was geschehen würde, wenn Gewalt das beste Rezept wäre.

_____

_____

_____

_____

_____

_____

Tragen Sie ihre Meinung vor.
Vergleichen Sie andere Meinungen.

Die Würde des Menschen

 Beschreiben
Sie die Karikatur.

 Was sagt die Karikatur aus?

_____

_____

_____

_____

_____

§ Grundgesetz der Bundesrepublik Deutschland

Artikel 1, Satz 1: Die Würde des Menschen ist unantastbar.
Sie zu achten und zu schützen ist Verpflichtung aller staatlicher Gewalt.

 Was hat man unter „staatlicher Gewalt" zu verstehen?

 Welche staatlichen Stellen dürfen staatliche Gewalt ausüben?

_____

_____

Es gibt auch viele Vereine und Organistionen, die Menschen schützen und ihnen helfen.
Sie haben jedoch keine staatliche Gewalt.

 Erarbeiten Sie in Gruppen Kurzreferate über jeweils einen solchen Verein oder eine Organisation. Berichten Sie den anderen darüber.

Notwehr?

Anna kommt zwei Stunden später aus der Disko nach Hause als sie durfte. Zur Begrüßung erhält sie von ihrer Mutter eine Ohrfeige.

Inge wird ständig von einem Kollegen vor allen bloßgestellt. Aus Rache zerkratzt sie seinen neuen Wagen.

Als Hans nach der Arbeit zu seinem Auto geht, wird dieses gerade aufgebrochen. Mit ein paar gezielten Faustschlägen kann Hans den Dieb verjagen.

Max beobachtet in der Kneipe, wie seine Freundin von einem anderen Typen angesprochen und zu einem Bier eingeladen wird. Zur Strafe haut ihn Max vom Barhocker.

Rico hat von seinem Chef eine Abmahnung bekommen. Wütend geht er nach Hause. Als ihn ein alter Mann aus Versehen anrempelt, schlägt er zu.

Auf dem Schulhof pöbeln zwei Skins Ali an und schubsen ihn hin und her. Peter sieht das und kommt ihm zu Hilfe. Dabei bricht er einem der Angreifer die Nase.

Auf dem Weg von einer Party wird Maria von einem Mann angegriffen. Sie zieht ihre Gaspistole aus der Tasche und schießt.

Diskutieren Sie die einzelnen Reaktionen. Sicher sind auch andere Lösungen möglich.

Nur der Staat darf zur Durchsetzung von Recht und Ordnung Gewalt anwenden. Im privaten Bereich gibt es nur eine Ausnahme: Notwehr.

Wann kann man von Notwehr sprechen? Sehen Sie im Wörterbuch nach.

_____

_____

Welche Personen in den Beispielen haben Ihrer Meinung nach aus Notwehr gehandelt?

_____

Ob private Gewaltanwendung Notwehr war, entscheidet im Zweifelsfall die staatliche Gewalt – das Gericht.

Sinnbezirk – RECHT

> *Gerechtigkeit, Gericht, verteidigen, anklagen, _____*
>
> _____
>
> _____
>
> _____

Sammeln Sie weitere Wörter zum Sinnbezirk. Schauen Sie im Wörterbuch nach.

_____

_____

Ruhe · Stille · friedlich · Streit

nachgiebig · Eintracht · schützen

friedensbereit · Friedenspfeife · beruhigen

Friedensstifter · friedfertig · Versöhnung

Verständigung · schlichten · Aussöhnung

Friedensverhandlung · einlenken

nachgeben · Händedruck · Frieden stiften

Friedenstaube · friedliebend · Friedensvertrag

friedenswillig · vermitteln · versöhnlich · Friedensfahne

einschreiten · eingreifen · in Ordnung bringen · ausgleichen

Sicherheit · unblutig · verhandeln · verteidigen · beilegen

miteinander reden

Lesen Sie die Wörter aus dem Sinnbezirk – Friede –
Unterstreichen Sie die Wörter, die für Sie besonders bedeutsam sind.

Tragen Sie vor.
Warum sind diese für Sie wichtig? Was sind Symbole für Frieden?

Tragen Sie die Begriffe ein.

Bewaffneter Friede

> Ganz unverhofft, an einem Hügel,
> Sind sich begegnet Fuchs und Igel.
> „Halt", rief der Fuchs „du Bösewicht!
> Kennst du des Königs Order nicht?
>
> Ist nicht der Friede längst verkündigt,
> Und weißt du nicht, daß jeder sündigt,
> Der immer noch gerüstet geht? –
> Im Namen Seiner Majestät,
>
> Geh her und übergib dein Fell!"
> Der Igel sprach: „Nur nicht so schnell!
> Laß dir erst deine Zähne brechen,
> Dann wollen wir uns weiter sprechen."
>
> Und alsogleich macht er sich rund,
> Schließt seinen dichten Stachelbund
> Und trotzt getrost der ganzen Welt,
> Bewaffnet, doch als Friedensheld.
>
> Wilhelm Busch

Lesen Sie das Gedicht.
Tragen Sie es vor.

Beantworten Sie folgende Fragen:

Wer trifft sich? _____

Wo treffen sie sich? _____

Warum nennt der Fuchs den Igel „Bösewicht"? _____

_____

Was verlangt der Fuchs vom Igel? _____

_____

Warum weigert sich der Igel? _____

_____

Was tut der Igel? _____

_____

Beurteilen Sie das Verhalten des Igels.
Versuchen Sie die Überschrift des Gedichtes zu erklären.
Ersetzen Sie die Fabeltiere Fuchs und Igel durch Menschen.

Nennen Sie Beispiele aus dem Leben.

_____

_____

_____

_____

Notwendig oder nicht?

Nehmen Sie zu den drei Behauptungen Stellung.

1. Die Werbung will den Menschen helfen, überlegt einzukaufen!

2. Je voller das Stadion, um so billiger der Eintrittspreis!

3. Für jeden Bürger ist eine bezahlbare Wohnung da!

Entscheiden Sie, ob die Aussage stimmt oder nicht. Begründen Sie Ihre Entscheidung. Begründungswörter kennen Sie.

1. _____

_____

_____

_____

2. _____

_____

_____

_____

3. _____

_____

_____

_____

Tragen Sie Ihre Ergebnisse vor. Einer von Ihnen kann das Wesentliche an der Tafel in Stichworten festhalten. Besprechen Sie nun jede einzelne Behauptung. Überlegen Sie, ob diese Wirklichkeit sein könnte.

Menschen werden oft gezwungen, sich so oder so zu verhalten, obwohl es anders möglich und besser ist. Manchmal ist jedoch Zwang notwendig und sinnvoll. So werden die Menschen z. B. durch die Straßenverkehrsordnung (STVO) gezwungen, sich an Verkehrsregeln zu halten.

Machen Sie an einem Beispiel klar, warum die STVO notwendig und sinnvoll ist.

_____

_____

_____

_____

Tragen Sie vor.
Nennen Sie weitere Beispiele für notwendige Zwänge aus anderen Lebensbereichen.

Notwendig oder nicht?

Sie kennen jetzt notwendige und nicht notwendige Zwänge.
Überprüfen Sie folgende Sachverhalte. Entscheiden Sie, ob Zwang ausgeübt wird oder nicht. Begründen Sie, ob dieser Zwang notwendig oder nicht notwendig ist.

Sachverhalt I
Herr Schneider ist jeden Monat verärgert, wenn er seine Abzüge auf der Lohnabrechnung sieht.

Sachverhalt II
Ingo fühlt sich an der Theke durch einen dummen Spruch von Peter verletzt und schlägt zu.

Sachverhalt III
Franz und Gisela arbeiten am gleichen Band. Beide verrichten die gleiche Tätigkeit. Beide sind gleich lange in der Fabrik, gleichaltrig und ledig. Franz verdient mehr.

Sachverhalt IV
Kai (Klasse 10) schwänzt seit Wochen unentschuldigt den Unterricht. Nachdem alle Ermahnungen erfolglos blieben, wird Kai eines Morgens mit dem Polizeiauto zur Schule gebracht.

Zwänge kann man auch Gewalt nennen.

Grundsatz	Friede	statt nicht notwendiger	Gewalt
	miteinander reden	statt	Schlägerei
	gegenseitige Toleranz	statt	drohen
	leistungsgerecht bezahlen	statt	ausnutzen
	Vorurteile bekämpfen	statt	Vorurteile unterstützen
	Mitmenschen helfen	statt	wegucken

Diese Regeln erleichtern das Zusammenleben.

Suchen Sie Beispiele aus dem Leben.

Jemandem weh tun

Ein Altenheim in Stuttgart liegt in der Nähe von einem hübschen Park, in dem bei gutem Wetter viel los ist. Da gibt es einen großen Kinderspielplatz, Tennisplätze, viele Bänke und herrliche abschüssige Wege, auf denen man großartig Abfahrten mit Rollern und Rädern veranstalten kann.

Auch bei Skatern ist der Park sehr beliebt. Die alten Leute sitzen gern in diesem Park und schauen dem munteren Treiben zu. Eines Tages rast ein Skater den Asphaltweg hinunter. Wegen einer alten Dame, die dort spazieren geht, muss er so heftig bremsen, dass er stürzt. Wütend steht er auf, guckt die Frau an und brüllt: „Hoffentlich gibst du bald den Löffel ab!" Dann fährt er weiter.

Lesen Sie den Text.
Sprechen Sie darüber.

Was hat der Junge damit gemeint?

_____

_____

Was mag die alte Dame danach gedacht und gefühlt haben?

_____

_____

_____

Tragen Sie vor.

Schreiben Sie alle vorgetragenen Gefühlswörter auf.

traurig			

Auch Sie haben sich schon so gefühlt.
Erzählen Sie!

Was kann man tun, wenn man sich so fühlt?
Was kann man tun, wenn man Zeuge solcher Beschimpfungen wird?

_____

_____

Gefühle mitteilen

Es ist schön, wenn Sie jemandem, den Sie gern haben, das sagen oder schreiben.
Der Empfänger wird sich darüber freuen und Ihre Gefühle für sich behalten.
Vielleicht bekommen Sie Antwort.
Leider werden solche Geständnisse auch manchmal missbraucht.
Die Briefe werden herumgezeigt. Man macht sich über den Schreiber lustig.

> *Liebe Andrea!!*
> *Stel dir for, meine Schwester hat meinen Vater von uns erzält.*
> *Der alte hat wühst gepflucht. Fonwegen unverantwortlisch un*
> *so. Ich habe Stubenarest. Ich kann mich nich mit dir treffen.*
> *Deßhalb schreibe ich. Ich freuhe mich auf dich. Hoffendlich*
> *klappt das Balt.*   *dein Rolf*

Lesen Sie den Brief.
Die „liebe Andrea" war gar nicht so lieb. Kaum hatte sie den Brief, da urteilte sie.
Mit Genuss unterstrich sie Rolfs Fehler. Sie zeigte dann den Brief schadenfroh den
Mädchen aus Rolfs Klasse. Auch einige Jungen bekamen ihn in die Finger. Der arme Rolf.

Beurteilen Sie Andreas Verhalten.

_____

_____

Berichtigen Sie nun den Brief, indem Sie ihn neu schreiben.
Wenn Sie selbst auch unsicher sind, dann schauen Sie im Wörterbuch nach.

_____

_____

_____

_____

_____

_____

_____

_____

_____

_____

Ob Sie jemandem Ihre Gefühle schriftlich mitteilen, hängt außer von Ihnen auch von Ihrem
Partner ab. Diskutieren Sie wieso.

Bewerten oder beschreiben?

 Schreiben Sie auf, wie Sie diesen Mann finden.

_____

_____

_____

_____

_____

_____

 Lesen Sie Ihre Meinung vor.

 Unterstreichen Sie in Ihrem Text die Wörter, die Genaueres über das Aussehen des Mannes aussagen. Tragen Sie wieder der Klasse vor.
Sammeln Sie diese Wörter an der Tafel.

 Ordnen Sie nun diese Wörter in die Tabelle ein.

beschreibend	dafür	dagegen

 Begründen Sie Ihre Entscheidung.

Eigenschaftswörter

Suchen Sie nun von den eingetragenen Wörtern die Adjektive heraus.
Unterstreichen Sie die Wörter farbig, die auf die Frage: „Wie ist der Mann?" antworten.
Vervollständigen Sie mit Ihren Adjektiven den Wortkasten.

EIGENSCHAFTSWÖRTER · BESCHAFFENHEITSWÖRTER
dumm · alt · abscheulich · ekelhaft · schön · herrlich · gut · dufte · toll   *sagenhaft · interessant · eitel · sportlich · unheimlich · irre*
WIEWÖRTER · ADJEKTIVE

Wenn Sie mit Adjektiven eine Meinung dafür oder dagegen äußern, bewerten Sie.
Beachten Sie jedoch, dass mit der Bewertung auch eine Verurteilung erfolgen kann.

Wieso? Führen Sie Beispiele an.

Untersuchen Sie die folgenden Sätze auf Adjektive. In jedem Satz ist ein beschreibendes und ein beurteilendes Adjektiv enthalten. Unterstreichen Sie jeweils das beurteilende Adjektiv und tragen den angegebenen Buchstaben in das Kästchen ein. Dann ergibt sich das Kontrollwort, welches eine Wortart benennt.

1. Der interessante Clown hat eine knallrote Nase. (9. Buchstabe) ☐

2. Das dumme Mädchen hat Angst vor einem finsteren Raum. (1. Buchstabe) ☐

3. Das kleine Kind weint in jämmerlichen Tönen. (1. Buchstabe) ☐

4. Das verlassene Haus betritt der unheimliche Geist. (4. Buchstabe) ☐

5. Die schwarzhaarige Japanerin hat eine musikalische Ader. (5. Buchstabe) ☐

6. Der alte Mann zeigt ein schüchternes Wesen. (7. Buchstabe) ☐

7. Der junge Herr pflegt sein eitles Benehmen. (2. Buchstabe) ☐

8. Die Eltern freuen sich über ihre kleine brave Tochter. (4. Buchstabe) ☐

Die Wortart heißt: _____

Schreiben Sie die acht Sätze noch einmal mit anderen Eigenschaftswörtern.
Unterstreichen Sie diesmal die beschreibenden Adjektive. Auch Spaßsätze sind erlaubt.

_____

_____

_____

_____

_____

_____

_____

_____

Überlegt sprechen

In unserem Sprachgebrauch haben sich feststehende Redewendungen eingeschlichen. Sie werden in der täglichen Umgangssprache häufig verwendet.

klasse · doof · irre · sagenhaft
dufte · toll · süß · echt · blöd
blind · fantastisch · stark
beschissen · geil · schwach
idiotisch · verrückt · niedlich
entsetzlich · mega · einmalig

irres Wetter

Kennen Sie weitere?

Ordnen Sie die Redewendungen. Meinen Sie:

Zustimmung?	oder	Ablehnung?

Bei passenden, häufiger jedoch bei unpassenden, Gelegenheiten finden wir diese Sprachwendungen z. B.: irres Wetter, irre Leistung, irrer Film, irre Fete, irres Bild, irres Buch, irrer Typ, irre Schuhe.

Für das Wort „irre" kann man jedes der oben genannten Wörter einsetzen. Machen Sie es mal.

Das alles kann man sagen, aber was sagt das eigentlich? Außer einer gefühlsmäßigen Bewertung beinhalten sie nichts. Unpassend gebraucht, sind diese Sprachwendungen nicht in der Lage, das Gemeinte zu sagen. Durch überlegtes Sprechen und mit Mühe lassen sich diese Verlegenheitswörter und Modewörter vermeiden.

Ordnen Sie den farbigen Nomen ein zutreffenderes Adjektiv als das Modewort „irre" zu.

_____

_____

_____

Vermuten Sie gemeinsam, wie Modewörter entstehen.

Schreiben Sie „Modewortmacher" auf.

_____ _____ _____

_____ _____ _____

Oft unbedacht, aber immer bedenklich

Das sind manchmal Schimpfwörter.
Sie kennen noch mehr Schimpfwörter? Schreiben Sie diese nicht auf.

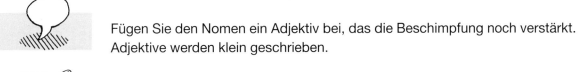

Fügen Sie den Nomen ein Adjektiv bei, das die Beschimpfung noch verstärkt.
Adjektive werden klein geschrieben.

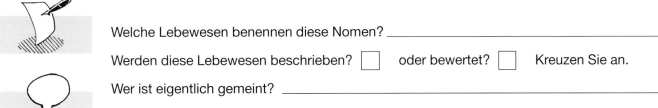

Welche Lebewesen benennen diese Nomen? _____

Werden diese Lebewesen beschrieben? ☐   oder bewertet? ☐   Kreuzen Sie an.

Wer ist eigentlich gemeint? _____

Nennen Sie Fälle, wo solche Schimpfwörter gebraucht werden. Es können auch andere sein.

Fügen Sie den Nomen ein anderes Adjektiv bei. Es darf kein Schimpfwort entstehen.

Wählen Sie treffend aus.

treu · arm
bunt · mager
kräftig · krank
klein · stark
nützlich
schnuckelig

Artikel	Adjektiv	Nomen
die	nützliche	Kuh
		Hund
		Rindvieh
		Ziege
		Köter
		Bock
		Esel
		Mistkäfer
		Sau
		Hornochse

Tragen Sie vor.

Träger und Inhalte

Die Bezeichnungen aus der Tierwelt werden auf Menschen übertragen und erhalten dadurch eine neue Bedeutung. Wir wollen untersuchen, was hier sprachlich geschehen ist. Dazu müssen wir das WORT in seine Bestandteile zerlegen.

Sie können sich jedes Wort aus den Wortarten – VERB – NOMEN – ADJEKTIV – wie einen gefüllten Korb vorstellen.

Das sind Körbe. Vom Inhalt hängt es ab, was sie tragen. Verkürzt kann man sagen: Der Korb ist der Träger, die Inhalte machen seine Bedeutung aus.

Auf Worte übertragen bedeutet das:
Die Laute – das, was Sie vom Wort hören – oder
die Buchstaben – das, was sie vom Wort sehen –
können Sie sich als leeren Korb vorstellen.

Laute oder Buchstaben sind Träger.
Bedeutung erhalten sie erst durch den Inhalt, den sie tragen.

MERKE!

Kein Inhalt ohne Träger – kein Träger ohne Inhalt.

Beispiel	Setzen Sie den Träger ein	Nennen Sie Inhalte
– Gewächs – Zweig	– Gebäude – Lehrer	–
– Äste – Stamm	– Klassen – Schüler	
– hoch – Blätter	– lernen – Bücher	
– stark – Wurzel	– langweilen – Trotz	
– Rinde – Früchte	– Ärger – Hausmeister	

Können Sie die freien Linien mit weiteren Inhalten ausfüllen?

Träger und Inhalte

Untersuchen Sie, wie das Wort „Hund" zu einem Schimpfwort werden kann.

Der Laut H-u-n-d ist Träger mindestens folgender Inhaltsmerkmale:

H-U-N-D			
– Tier	– tapfer	– streunend	– Zähne
– Vierbeiner	– müde	– treu	– wedeln
– bellen	– verkommen	– verwahrlost	– kneifen
– kläffen	– scharf	– gepflegt	– jaulen
– gefräßig	– frech	– Fell	– bissig
– feige	– schamlos	– Zwinger	– falsch

Schreiben Sie die Merkmale auf, die das Wort „Hund" zu einem Schimpfwort machen, wenn man es auf Menschen überträgt.

_____

_____

_____

_____

_____

Suchen Sie nun zu dem Lautbild „Sau" Inhaltsmerkmale, die aus diesem Wort ein Schimpfwort machen.

S-AU _____

_____

_____

Tragen Sie vor.

Auch aus der Welt der Dinge werden Begriffe auf Menschen angewendet, die dann wie Beschimpfungen wirken.

Unterstreichen Sie die, die Sie für solche halten.

Telefon, Wandregal, Flasche, Decke, Pflaume, Stock, Drecksack, Bohnenstange, Ball, Flegel

Erklären Sie die unterstrichenen Wörter.

> *Eine _____ ist jemand, der _____*
>
> _____
>
> _____
>
> _____
>
> _____

Wissen Sie, woher Drecksack und Flegel stammen?
Denken Sie nach, bevor Sie Begriffe auf andere Bereiche übertragen.

Symbole

Die folgenden Bilder machen auf verschiedene Unfallgefahren aufmerksam.
Schreiben Sie die Inhalte der Bilder als Unfallverhütungsregeln darunter.

 Regel: _____

_____

Regel: _____   Regel: _____

_____   **Beachten Sie**   _____

_____   **dieses**   _____

_____   **Zeichen**

Das General-Unfallverhütungszeichen finden Sie auf dieser Seite.
Suchen Sie es und zeichnen Sie es in das freigelassene Feld.

Schreiben Sie Unfallverhütungsregeln aus Ihrem Tätigkeitsbereich auf.

1. _____

_____

2. _____

_____

3. _____

_____

 Tragen Sie vor.

Symbole

Die Unfallverhüter haben sich bewusst dazu entschlossen, Unfallverhütungsmaßnahmen in Bildern darzustellen.

Kreuzen Sie von den folgenden Antworten diejenigen an, die den Vorteil der Bilder gegenüber den versprachlichten Regeln angeben.

Bilder helfen besser Unfälle zu vermeiden,

     – weil sie deutlicher auf Unfallgefahren hinweisen, ☐

     – weil auch Ausländer diese besser verstehen, ☐

     – weil man den Inhalt nicht sprachlich ausdrücken kann, ☐

     – weil Bilder sich schneller und gründlicher einprägen, ☐

     – weil man dadurch Platz und Kosten spart, ☐

     – weil sie deutlicher wahrnehmbar sind. ☐

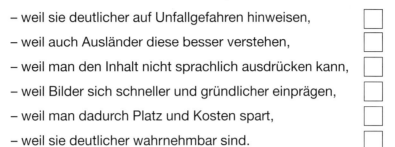

Tragen Sie vor und begründen Sie Ihre Entscheidung.

Schreiben Sie die Bedeutung folgender Symbole auf.
Füllen Sie auch die beiden Kästchen mit weiteren Symbolen aus.

_____   _____   _____   _____

_____   _____   _____   _____

Ganz gleich, ob sprachlich oder bildhaft auf Unfallrisiken und deren Vermeidung hingewiesen wird: handeln Sie danach! Sonst kann es Ihnen passieren, wie hier illustriert dargestellt.

Optimist
Tischler Rudi R.
braucht keine
Ratschläge.

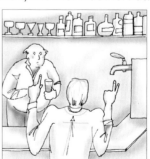

Schreiben Sie auf, was Rudi R. passiert ist.

_____

_____

Tragen Sie vor.

Freie Zeit – was tun?

 Nennen Sie die dargestellten Freizeitbeschäftigungen.
Schreiben Sie die Tätigkeit auf die Linie.

 Welche weiteren Möglichkeiten kennen Sie, freie Zeit zu verbringen?

 Tragen Sie vor.

 Nennen Sie eine Freizeitbeschäftigung, die für Sie in Frage kommt. Kreuzen Sie an, warum.

interessant	☐	gesund	☐	befriedigend	☐
bezahlbar	☐	aktiv	☐	erholsam	☐
sinnvoll	☐	möglich	☐	lehrreich	☐

 Nennen Sie gegenteilige Bewertungen und schreiben Sie das passende Wort darunter.
Führen Sie dazu Beispiele auf.

TV

18⁴⁰ Lindenstraße

ARD Olaf will Rache: „Trauer und Bosheit"

15¹⁵ Malibu Beach

PRO 7 „Wahlkampf" entzweit ein Liebespaar

17⁰⁰ Party of Five

RTL „Der Neuanfang" führt zur Trennung

17⁵⁵ Forsthaus Falkenau

ZDF Dem Förster passt „Die Husky-Story" nicht

17⁵⁰ Dangerous Minds

RTL Miese „Hexenjagd" auf eine Lehrerin

 Tragen Sie Ihre Lieblingsserie ein. _____

 Erzählen Sie von solchen Serien.

 Schreiben Sie ein Ereignis aus einer Serie auf, das Sie besonders bewegt hat.

_____

_____

_____

Wer guckt die Serien? _____

_____

Warum sind sie so erfolgreich? _____

_____

Was ist für Sie an diesen Serien hilfreich?

_____

_____

_____

Schreiben Sie andere Sendungen auf, die Ihnen helfen.

_____

_____

_____

 Tragen Sie vor.
Diskutieren Sie Ihre Einstellungen über die „Soaps".

B.B.B. – Blei Blut Bluff

Abschalten oder Einschalten?

22.05 Uhr

_____

Diese Bilder werben für Spielfilme.
Sie laufen im Fernsehen.

Welches Bild würde Sie reizen, diesen Film einzuschalten?
Beschreiben Sie dieses Bild.

_____

_____

_____

_____

Warum haben Sie dieses Bild ausgewählt?

_____

_____

_____

Tragen Sie vor.

Geben Sie dem Film einen Titel.
Schreiben Sie diesen unter die Uhrzeit.

Nennen Sie Sendungen, in denen es hauptsächlich um
Gewalt geht.

_____

_____

_____

_____

Für Recht und Ordnung?

Lesen Sie den Text erst leise für sich, lesen Sie ihn dann vor.
Sprechen Sie darüber.

Sehr viele Unterhaltungssendungen (Western, Krimis und andere Spielfilme) „leben" von der Gewalt. Allen ist gemeinsam, dass die jeweilige Handlung durch Kämpfe bestimmt wird. Je nach Art des Films geht es mehr oder weniger brutal zu. Filmhelden sorgen gewalttätig und Gewalt verherrlichend für „Recht und Ordnung". Sie räumen alles „Böse" weg. Dabei wirken sie sehr sympathisch. Oft möchte man selbst ein solcher Held sein. Wieder andere Leute finden so sehr Gefallen daran, dass sie das Gezeigte ausprobieren. In Zukunft können sie dann solche Sendungen im Gemeinschaftssaal einer Haftanstalt „genießen".

Schreiben Sie die Wörter, die in Anführungsstrichen stehen, auf.

_____

_____

Warum sind diese Wörter in Anführungsstriche gesetzt?

Folgen von Gewaltanwendungen:

1. Streitigkeiten werden nicht mehr im Gespräch zu bereinigen versucht. ☐
2. Der Schwächere ist hoffnungslos der Gewalt ausgesetzt. ☐
3. Unbesiegbare Filmhelden werden nachgeahmt. ☐
4. Gesehene Kampftechniken werden ausgeübt. ☐
5. Gespielte Verbrechen werden versucht. ☐
6. Einige Zuschauer lehnen die Sendungen ab. ☐

Kreuzen Sie an.

Wozu kann das führen?
Schreiben Sie ein Beispiel dazu auf.

_____

_____

_____

Übrigens:

Wenn Sie die möglichen Folgen kennen,
kann so ein Film auch mal ganz unterhaltsam sein.

TIPP!
**Tipp: Mit dem Einschaltknopf
können Sie auch ausschalten!**

Rektor beglückt Deutsches Rotes Kreuz

1.000,– EUR
für
Hilfe
in …

Der Schulleiter der Hauptschule St. Peter, der 45-jährige Rektor, Herr Fritz Moser, übergab gestern der Geschäftsführerin des DRK, Frau Petra Bacher, die stolze Summe von EUR 1.000,–, um einen Beitrag zur Hilfe für … zu leisten. Diesen Betrag hatte der Rektor, der die Schule seit fünf Jahren leitet, sammeln lassen. Die Jungen und Mädchen der Schule haben eine Haussammlung durchgeführt. Die Geschäftsführerin Petra Bacher dankte dem Rektor für dessen Spende.

Lesen Sie den Zeitungsartikel.

Beantworten Sie die folgenden Fragen. Schreiben Sie ganze Sätze.

Wer hat gesammelt?

_____

Für wen ist gesammelt worden?

_____

Warum ist gesammelt worden?

_____

Was erfahren Sie über den Rektor?

_____

_____

_____

_____

Wodurch wird der Rektor noch hervorgehoben?

_____

_____

Was halten Sie von der Überschrift?

Tatsachen?

Wozu hätten Sie mehr geschrieben?

Welche Überschrift hätten Sie genommen?

_____

_____

Welches Bild hätten Sie dazu gewählt?

_____

_____

Tragen Sie vor.

Schreiben Sie nun den Artikel. Benutzen Sie Ihre Überschrift.
Versuchen Sie die Tatsachen wiederzugeben.
Sie können sich einen aktuellen Grund für die Sammlung ausdenken.
Vielleicht fällt Ihnen ein passendes Bild dazu ein.

Lesen Sie Ihren Bericht vor.

Sie haben es sich verdient.

Viel Urlaub für wenig Geld!

Einander verstehen: Urlaub mit Studiosus

Bei diesen Preisen muss man reisen.

VON VORNHEREIN AN ALLES GEDACHT.

Bringen Sie Ihren Urlaub in Sicherheit!

Mit solchen Sprüchen machen Reiseveranstalter Urlaubsuchende auf ihre Angebote aufmerksam.

Sprechen Sie über diese Werbesprüche.

Entscheiden Sie sich für drei dieser Werbesprüche, die Sie begründet kritisieren.

_____

_____

_____

_____

_____

_____

Tragen Sie vor.

Urlaub planen

An Ihrem Urlaub sollten Sie profitieren, nicht nur andere!

Wer profitiert mit an Ihren Urlauben?

Sie stellen an Ihren Urlaub bestimmte Erwartungen.

Lesen Sie die Vorstellungen.

Ich möchte:

1. den Urlaub im Ausland verbringen ☐
2. den Urlaub in Deutschland verbringen ☐
3. den Urlaub zu Hause verleben ☐
4. im Urlaub faulenzen ☐
5. im Urlaub neue Bekanntschaften schließen ☐
6. mich im Urlaub erholen ☐
7. im Urlaub ein „Großer" sein ☐
8. im Urlaub viel Geld ausgeben ☐
9. im Urlaub braun werden ☐
10. im Urlaub viel Neues sehen ☐

Kreuzen Sie Ihre Wünsche an.
Begründen Sie einen Ihrer Urlaubswünsche.

_____

_____

_____

_____

_____

_____

_____

_____

_____

_____

Tragen Sie vor.
Nennen Sie unvorhersehbare Umstände, durch die Ihr Urlaub „schief gehen" könnte.

Machst du mit?

Welche Einladung ist von einem Verein, ① oder ②? Kreuzen Sie an.

BOXSPORTFREUNDE HAU MICH BLAU 57 e.V.

Sonnabend, den 22. Juli, 18.00 Uhr

Sommerfest
mit großer Tombola

Bier vom Fass · Wurst vom Rost
Tanz im Freien
hinter dem Vereinshaus.

Es spielt:
THE QUALLMANN CRAWALL BAND

Nichtmitglieder Eintritt 3,– EUR
Mitglieder: Ein Tritt frei!

①

②

ELEFANTENTREFFEN AM NÜRBURGRING

Wer fährt mit?

Treffpunkt: 20.00 Uhr
Am 22. Juli
beim Klaus

In Clubs und Vereinen treffen sich Leute mit ähnlichen Freizeitinteressen. Viele sind da Mitglied. In Ihrer Umgebung gibt es auch Vereine.

Welche sind das? Übrigens: Vereinsnamen werden groß geschrieben.

_____

_____

Tragen Sie vor und sammeln Sie die verschiedenen Arten von Vereinen an der Tafel.

Sprechen Sie über die Vereine. Klären Sie die Namen der einzelnen Vereine.
Wenn Sie Mitglied in einem Verein sind, dann erzählen Sie über ihn.

Unterhalten Sie sich nun in gleicher Weise über Clubs aus Ihrer Umgebung.

Aktives Mitglied ist, wer tätig ist.
Passives Mitglied ist, wer nur bezahlt, zuguckt und mitfeiert.

Sind Sie in einem Verein oder Club aktiv? Begründen Sie, warum.
Sind Sie in einem Verein oder Club passiv? Begründen Sie, warum.
Sind Sie in keinem Verein oder Club? Begründen Sie, warum nicht.

Ich bin in dem _____ aktiv, weil _____

_____

_____

Ich bin in dem _____ passiv, weil _____

_____

_____

Ich bin in keinem Club oder Verein, weil _____

_____

_____

Tragen Sie vor.

Nach der Tagesschau war Rita weg

Die Schüsseln stehen mit herzhaftem Gulasch und dampfenden Knödeln auf dem Tisch. Um den Tisch sitzen die Eltern, Peter, Mike, Rita und der kleine Werner. Plötzlich sagt Rita: „Ich gehe heute abend aus. Wir gehen mit Freunden zu Gerds Geburtstagsfeier. Er gibt uns in der ‚Künstlerklause' einen aus." Die Stimmung bei Tisch ist plötzlich ganz verändert. Wenn man in die Gesichter blickt, gewinnt man den Eindruck, dass es keinem mehr schmeckt. Der Vater scheint seinen Ärger mit dem Gulasch hinunterzuschlucken. „Ich bleibe aber nicht lange weg, so gegen halb elf bin ich wieder hier," versichert Rita, der die gefährliche Ruhe nicht entgangen ist. „Das ist ja reizend, dass du dann schon wieder hier sein willst," entgegnet ihre Mutter spitz. „Das wär bei meinem Vater unmöglich gewesen. Der hätte mir etwas anderes gesagt, wenn ich als Fünfzehnjährige nach acht in die Wirtschaft gegangen wäre." „Schon wieder 'ne Predigt?" „Aber die Zeiten haben sich eben geändert. Ich habe grundsätzlich nichts dagegen, wenn du mal zu einer Geburtstagsfeier gehst. Mir fällt jedoch auf, dass ihr in der letzten Zeit ziemlich viele Feiern habt. Die ‚Klause' ist übrigens auch nicht gerade ein angesehenes Lokal. Stimmt es, dass einige von euch sich vergangenes Mal vor der Tür übergeben haben? Ich habe nichts gegen die Geburtstagsfeier. Aber den Umgang mit Trinkern will ich meiner Tochter nicht erlaubt haben. Du musst auch an deinen guten Ruf denken." „Ich trinke doch keinen Alkohol," wendet Rita ein. „Das weiß ich, aber dennoch will ich dich nicht mit diesem Umgang und nicht in einer solchen Kaschemme wissen. Damit Feierabend." Danach kommt das Gespräch nur sehr zögernd in Gang. Rita schweigt und verlässt wortlos den Raum. Als der Vater sie nach der Tagesschau bitten will, ihm eine Flasche Bier aus dem Keller zu holen, ist Rita weg. Um ein Uhr kommt sie zurück.

Lesen Sie den Text. Tragen Sie ihn mit verteilten Rollen vor. Rollen: Erzähler, Mutter, Rita. Sagen Sie Ihre Meinung zu dem Konflikt.

Unterstreichen Sie die Aussagen der Mutter und die von Rita unterschiedlich farbig.

Manche Konflikte könnten leicht bereinigt oder sogar vermieden werden, wenn die Beteiligten zu einem echten Gespräch bereit wären.

Dabei müssten sie sich an notwendige Gesprächsregeln halten.	R	M
1. Dem Partner zuhören und auf seine Worte eingehen.	☐	☐
2. Beim Thema bleiben.	☐	☐
3. Das Gemeinte sachlich (ohne Beleidigungen) vortragen.	☐	☐
4. Die Meinung des anderen überdenken.	☐	☐
5. Zu einem Gesprächsergebnis bereit sein.	☐	☐

Überprüfen Sie am Text, wer gegen diese Regeln verstößt.
Kreuzen Sie bei jeder Regel an, ob Rita (R) oder ihre Mutter (M) dagegen verstoßen haben.
Tragen Sie vor und begründen Sie mit Stellen aus dem Text.

Was hätten Rita und ihre Mutter im Gespräch anders machen sollen.

Die Mutter hätte _____

_____

_____

Rita hätte _____

_____

_____

Tragen Sie vor.

Ich weiß nicht – Pro und Contra!

Soll ich … ?   Soll man … ?   Sollte man … ?

Kleidung nach dem letzten Schrei?

Nichtraucher vor Rauchern schützen?

Vereinsmitglied?

Per Anhalter?

PKW-Führerschein mit 16 statt mit 18 Jahren?

Altersbegrenzung in Videotheken?

Wählen mit 16 statt mit 18 Jahren?

Soll der Mann der Frau beim Abwasch helfen?

Das sind mögliche Themen für eine Diskussion.

Eine Diskussion ist eine Auseinandersetzung über Meinungen zu einem Thema.
Vier dieser Themen können Sie mit „Soll ich … ?" in Frage stellen.
Bei diesen können Sie nach Ihrer Meinung argumentieren.

Schreiben Sie die vier Fragen auf.

_____

_____

_____

_____

Wie ist es bei den vier anderen Themen?
Beschäftigen Sie sich mit dem Thema: per Anhalter?

Schreiben Sie jeweils zwei Gründe auf, die dafür und dagegen sprechen.

dafür / pro	dagegen / contra
_____	_____
_____	_____
_____	_____

Diskutieren Sie dieses Thema.

Außer den Gesprächsregeln gelten bei der Diskussion weitere Regeln.

1. Sammeln Sie zu einem Diskussionsthema möglichst viele Tatsachen (Fakten).
2. Die Teilnehmer sollten versuchen, ihre Meinung zu begründen.
3. Die Begründungen sollten durch Beispiele belegt und verdeutlicht werden.
4. Die Teilnehmer sollten versuchen, andere von ihrer Meinung zu überzeugen.
5. Wenn andere stichhaltige Begründungen haben, sollte man die eigene Meinung ändern.
6. Einer leitet die Diskussion. Er erteilt nach der Reihenfolge der Wortmeldungen das Wort.
7. Melden Sie sich mit Handzeichen. Lautstärke ersetzt keine Begründung.

Lesen Sie die Regeln. Warum sind diese notwendig?
Diskutieren Sie nun regelgerecht.

Wort und Widerwort

In einer Auseinandersetzung zu einem bestimmten Thema wurden folgende Argumente genannt.

Lesen Sie die Argumente.
Sprechen Sie darüber.

Ab 16 kann jeder selbst entscheiden, wo und wann er raucht. Raucher beeinträchtigen auch die Gesundheit ihrer Mitmenschen. Rauchen entspannt und beruhigt, wer das nicht ertragen kann, soll weggehen. Raucher und Nichtraucher sind über die verrauchte Luft gleichermaßen gesundheitsgefährdet. Nichtrauchen ist normal. Wir werden alle als Nichtraucher geboren. Nichtraucher haben ein Recht auf Verteidigung ihrer Gesundheit. Besonders betroffen sind Kinder, sie können sich nicht zur Wehr setzen. Wir leben in einem freien Land, wo jeder frei entscheiden kann, was er tut oder lässt. Die Freiheit hört da auf, wo andere geschädigt werden. Selbst viele Raucher klagen schon über verrauchte Räume. Die Nichtraucher sollen nicht so übertreiben, was die Gefährdung ihrer Gesundheit angeht. Jahrzehntelang haben Raucher und Nichtraucher problemlos nebeneinander gelebt und gearbeitet. Heute weiß man mehr über die Folgen des Rauchens und Passivrauchens.

Formulieren Sie das Thema. Schreiben Sie es als Überschrift auf die Linie.
Schreiben Sie die Argumente auf, die Ihre Meinung wiedergeben.

Tragen Sie vor. Vielleicht fallen Ihnen dazu noch eigene Argumente ein.
Nennen Sie Orte, wo Nichtraucher vor Rauchern geschützt werden.

Probleme lösen?

Am liebsten würde ich zu Hause ausziehen

Ich halte es zu Hause nicht mehr aus. Jeden Tag gibt es Streit. Mein Vater beschimpft mich mit den gröbsten Ausdrücken. Es gibt beinahe Raufereien zwischen ihm und mir, denn ich lasse mir auch nicht mehr alles bieten. Ich habe gerade eine Arbeit angefangen, am liebsten würde ich ausziehen. Aber das Geld reicht nicht, was ich kriege, denn so viel verdiene ich nicht. Was kann ich tun?

Michael, 16, aus Rosenheim

Dr. Sommer: „Kläre erst Deine Situation!"

Du kannst dich leichter selbstständig machen als du denkst. Dazu musst du allerdings einen Jugend-Sozialarbeiter aufsuchen, z. B. beim Jugendamt oder bei einem Caritas-Verband. Mit dem kannst du dann besprechen, wie es möglich wäre, dass du wegziehst, und wie das bezahlt werden könnte. Es gibt nämlich staatliche Beihilfen, die das ermöglichen und auf die du auch ein Recht hast. Zunächst brauchst du jedoch nur diese Information aus einem Gespräch mit einem Sozialarbeiter.

Wenn du besser Bescheid weißt, wirst du zu Hause auch anders auftreten. Weil dann die Zukunft nicht mehr so ungewiss ist. Und dein Vater könnte mit einem Sohn, der so aktiv wird, besser zufrieden sein. Oder sich endgültig nicht mehr um ihn kümmern wollen. Seine Verpflichtungen als Vater muss er aber weiterhin erfüllen, z. B. muss er dich forthin ernähren.

Zank und Krach lassen die Situation ungeklärt. Unternimm was, dann wirst du sicherer. Und das ändert viel. Also, du kannst etwas verändern, werde aktiv.

Lesen Sie den Text und sprechen Sie darüber.

Warum will der Junge ausziehen?
Schreiben Sie Ihre Vermutungen auf. _____

_____

_____

Weshalb schreibt der Junge seine Sorgen an
BRAVO? Schreiben Sie die möglichen Gründe auf. _____

_____

_____

Tragen Sie vor.

Sagt Michael der BRAVO, warum es jeden Tag
Streit gibt und es beinahe zu Raufereien kommt?   ☐ ja   ☐ nein

Fragt Dr. Sommer danach?   ☐ ja   ☐ nein

Zu wem hält Dr. Sommer?   ☐ Michael ☐ Vater

Lesen Sie die Antwort von Dr. Sommer noch einmal.

Vervollständigen Sie die Ratschläge. Setzen Sie die fehlenden Wörter aus dem Text ein.

1. Michael soll einen _____ aufsuchen.

2. Mit ihm soll Michael über staatliche _____ reden.

3. Wenn er besser Bescheid weiß, kann er zu Hause _____.

4. Der Vater wird zufriedener sein. Oder sich nicht mehr _____.

Probleme lösen?

Dr. Sommer kennt die Lage nicht genauer, in der sich Michael und sein Vater befinden. Er fragt auch nicht danach. Dennoch gibt er Ratschläge. Er ergreift Partei für Michael. Er übersieht, dass auch Michael seinen Anteil an den Streitigkeiten haben kann.

Vermuten Sie Gründe dafür.

_____

_____

_____

_____

Tragen Sie vor.

Welche Tipps würden Sie beiden geben?
Ziel Ihrer Ratschläge soll sein, dass Michael bleibt.

Tipps für den Vater: _____

_____

_____

_____

Tipps für Michael: _____

_____

_____

_____

Tragen Sie Ihre Ergebnisse vor. Überprüfen Sie ob diese anwendbar sind.

Sprechen Sie darüber.
Vergleichen Sie Ihre Ratschläge mit denen, die Dr. Sommer gibt. Bewerten Sie diese.

Nicht alle Probleme, die BRAVO scheinbar löst, sind gelöst. Das kann BRAVO nicht. Andere Illustrierte können das auch nicht. Sie können sie dennoch „genießen". Wenn Sie sie nicht zu ernst nehmen, verderben sie nichts.

Überlegen Sie und schreiben Sie auf, an wen Sie sich wenden können, wenn Sie Probleme haben.

_____

_____

_____

_____

Budenzauber

Anlass: **FF** (Führerscheinfete)
Gäste: 10, außer dir
Wann: 19. August · 6 Uhr abends

Peter

Wo? In meiner Bude.
Wie? Erzählen, Tanzen,
Essen und Trinken

Unkostenbeitrag? KEINEN
– aber GUTE LAUNE mitbringen –

1

2

Kinder macht die Straße frei!

Seit gestern habe ich den

FÜHRERSCHEIN!

Das ist eine Party wert!

*Ich lade dich, lieber Franz,
am Samstag, den 19. August,
18.00 Uhr, zu mir ein.*

Es gibt auch was zu essen.

Peter

Welche Einladung gefällt Ihnen besser ① oder ②?

Warum? _____

_____

Sie werden einmal Bekannte oder Freunde einladen. Anlässe zum Feiern gibt es mehr als genug. Wie Sie die Sache aufziehen, was Sie den Gästen anbieten, sollten Sie überlegen, damit es allen möglichst Spaß macht. Anregungen zur Gestaltung findet man übrigens auch in Büchern zum Thema „Feste feiern". In vielen Büchereien gibt es solche Bücher zum Ausleihen.

Stellen Sie sich vor, Sie wollen eine Party feiern. Sie können Ihre Freunde mündlich, telefonisch oder schriftlich einladen.

Tragen Sie ein, was Sie alles bei der Einladung beachten müssen.
Denken Sie sich die Antworten aus.

1. Datum? _____ **2.** Uhrzeit? _____ **3.** Ort? _____

4. Anlass? _____ **5.** Name des Gastes? _____

Gestalten Sie eine ansprechende Einladung.

_____

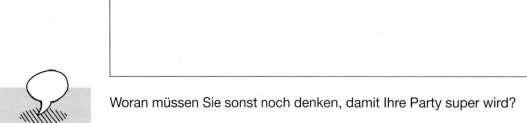

Woran müssen Sie sonst noch denken, damit Ihre Party super wird?

Notwendige Kenn- und Leitzahlen

Viele Situationen machen es erforderlich, dass man Telefongespräche führt oder führen muss. Solche notwendigen Sprechanlässe sind z. B.: Einladungen – telefonische Bestellung eines speziellen Maschinenersatzteils – telefonische Buchung einer Reise – fernmündliche Telegrammaufgabe – Rückfragen in Versicherungsfällen – Kartenvorbestellung für ein auswärtiges Bundesligaspiel usw.

Manchmal führen mangelhafte Aussprache, schlechte Verbindung oder Gehörschäden zu Verstehensschwierigkeiten, insbesondere bei der Namens- und Adressennennung. Das kann für das gesamte Vorhaben hinderlich sein. Dann hilft die Buchstabiertafel.

Benutzen Sie die Buchstabiertafel. Lautieren Sie!

Buchstabiertafel (Inland)

A = Anton	D = Dora	I = Ida	N = Nordpol	R = Richard	Ü = Übermut
Ä = Ärger	E = Emil	J = Julius	O = Otto	S = Samuel	V = Viktor
B = Berta	F = Friedrich	K = Kaufmann	Ö = Ökonom	Sch = Schule	W = Wilhelm
C = Cäsar	G = Gustav	L = Ludwig	P = Paula	T = Theodor	X = Xanthippe
Ch = Charlotte	H = Heinrich	M = Martha	Q = Quelle	U = Ulrich	Y = Ypsilon
					Z = Zacharias

Buchstabieren Sie Ihren Namen und Ihren Wohnort. Machen Sie es so!

Nachname:

Wohnort:

Bei langen Wörtern können Sie auch abkürzen.

Besorgen Sie sich ein Telefonbuch von Ihrer Gemeinde/Stadt.
Suchen Sie die Telefonnummern heraus. Schreiben Sie diese auf.

Wichtige Rufnummern

Notarzt: _____   Polizei: _____

Feuerwehr: _____   Schule: _____

Betrieb: _____   Krankenhaus: _____

Stadtverwaltung: _____   Auskunft: _____

Vertrauensperson: _____

Welche Telefongesellschaften kennen Sie? _____

Schreibpflichten

Das sind Symbole für bestimmte Anlässe, die oft ein Schreiben erfordern.

Welche Anlässe sind hier gemeint?
Ordnen Sie diese Zeichen den folgenden Anlässen zu.
Tragen Sie die entsprechende Ziffer ein.

das Jubiläum ◯   die Vermählung ◯   der Trauerfall ◯   der Geburtstag ◯

Nennen Sie weitere Ereignisse, zu denen man schreibt.

_____

_____

Bestimmte Anlässe erfordern eine bestimmte Anschrift.
Tragen Sie die zutreffenden Anlässe ein.

Anschrift	zum Anlass	Anschrift	zum Anlass
Hochzeit Walter u. Gabi Müller Friedr.-Ebert-Str. 61 53177 Bonn	der _____	Jubilar Peter Schönefeld Bauerngasse 101 90443 Nürnberg	des _____
Trauerhaus Schäfer Göttinger Str. 104 64291 Darmstadt	des _____	Frau Beatrix Frank Im Bungert 17 23966 Burgwall	des _____

So wünscht die Post die Aufschriften:

Frau
Erika Werner
Gartenstr. 4

81249 München

Schreiben Sie auf
den Briefumschlag
eine Anschrift
Ihrer Wahl und
Ihren Absender.

Abs:

_____

_____

_____

Schreibpflichten

Die Anlässe sind auch von der Industrie bereits vermarktet worden. In jedem Schreibwarengeschäft kann man zum entsprechenden Ereignis einen Vordruck kaufen. In der Regel brauchen Sie dann nur noch den Adressaten einzusetzen und den Schlusssatz zu formulieren. Die Art der Teilnahme oder des Wunsches hat ein Texter für die Käufer erdacht.

Grundsätzlich machen Sie nichts falsch, wenn Sie auf eine solche Karte nur Ihre Unterschrift setzen. Sollten Sie Zweifel haben, ob Sie dem Adressaten hinreichend bekannt sind, dann schreiben Sie Ihren Absender auf den Umschlag. Das sieht besser aus, als wenn Sie die Karte mit vollständiger Absenderangabe unterschreiben.

Viele Schreiber versuchen ihre Gefühle außer durch den Kauf der Karte und der nackten Unterschrift durch ein Empfindungswort auszudrücken.

Untersuchen Sie, welche Empfindungswörter hier passend sind und setzen Sie eines ein.

Empfindungswörter?

entbieten
aussprechen
wünschen
senden
übermitteln
mitteilen
von
bekunden
bezeugen
empfinden

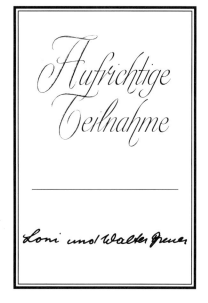

Sortieren Sie die Wörter aus, die keine Empfindung aussprechen.

_____

_____

Sie werden nicht nur Karten schreiben, sondern auch welche erhalten. Schön wäre es, wenn Sie dafür danken würden.

Zum Geburtstag haben Sie einen Brief oder ein Geschenk bekommen.
Bedanken Sie sich schriftlich.

_____

_____

_____

_____

_____

Notizen

Im privaten und beruflichen Leben sind knappe Notizen sehr wichtig. Wer einen Auftrag erhält oder etwas vorhat, macht sich Notizen, um sein Gedächtnis zu entlasten, so dass er nichts vergisst.

TIPP!

Notizen dienen dem Festhalten wichtiger Informationen und zwar in kürzester Form.

Eine Notiz sollte mindestens enthalten: das Datum – die Uhrzeit – den Ort – den Partner und den Inhalt.
Nicht immer sind alle Merkmale notwendig; es kommt auf die jeweilige Absicht an.

Untersuchen Sie das vorgegebene Terminblatt auf die darin enthaltenen Merkmale.

JANUAR	
23 SONNTAG	18⁰⁰ Uhr Party bei Erika! Kellenring 6
24 MONTAG	11⁰⁰ Uhr Firma Möller anrufen Tel. 0221 / 40 37 43 Termin für Bewerbung vereinbaren!
25 DIENSTAG	
26 MITTWOCH	Mutter - Geburtstag Weingläser kaufen!

Datum	Uhrzeit	Partner	Ort	Inhalt
23 SONNTAG				
24 MONTAG				
25 DIENSTAG				
26 MITTWOCH				

Nennen Sie Notizanlässe aus Ihrem privaten und beruflich-schulischen Lebensbereich.

Privatnotizen	Berufs- oder Schulnotizen

Das Telefon klingelt

Seidel, guten Tag.

Guten Tag Frau Seidel, hier ist Toni Küpper. Frau Seidel, könnte ich bitte mal den Fritz sprechen?

Ach Toni, du bist es! Dich habe ich ja lange nicht gesehen. Wie geht es dir?

Danke, es geht so.

Schade, der Fritz ist gerade vor ein paar Minuten zum Fußballtraining gegangen. Vielleicht rufst du nach 20.00 Uhr wieder an.

Leider geht das nicht. Aber vielleicht können Sie Fritz etwas ausrichten. Sie wissen ja, dass wir vom Jugendclub aus zum nächsten Elefantentreffen auf den Nürburgring fahren wollen. Fünf Leute, darunter auch Fritz und ich, haben sich bereit erklärt, die Fahrt zu organisieren.

Ja, Fritz hat uns davon erzählt.

Wir wollten uns übermorgen bei Elfi Schneider treffen. Zu diesem Termin geht es nicht. Wir treffen uns stattdessen morgen, also Freitag, um 18.00 Uhr bei mir. Sagen Sie das bitte Fritz.

Ja sicher, ich werde es ausrichten. Damit ich es nicht vergesse schreibe ich es mir auch noch auf.

Vielen Dank und Auf Wiedersehen, Frau Seidel!

Tschüs Toni!

 Lesen Sie den Text und tragen Sie ihn mit verteilten Rollen vor.

 Unterstreichen Sie das, was Frau Seidel sagt, blau, was Toni sagt, rot.
Setzen Sie die Satzzeichen für die wörtliche Rede in beiden Fällen ebenfalls unterschiedlich farbig. Sie wissen: Am Anfang der wörtlichen Rede stehen die Anführungszeichen unten „ , am Ende der wörtlichen Rede oben.“

 Was sollte Frau Seidel auf einem Zettel notieren, damit Fritz das Notwendige erfährt?
Schreiben Sie für Frau Seidel den Notizzettel. Denken Sie an die Merkmale.

Notizen

über telefonisches/persönliches Gespräch mit

Herrn
Frau _____

Firma _____

in _____

Datum	Uhrzeit
Ruf-Nr.	
Fax-Nr.	

_____
_____
_____
_____
_____
_____

Stellensuche

 1 Zimmermädchen gesucht. Hotel Garni mit 55 Betten sucht ab sofort ein Zimmermädchen auf 630,– DM-Basis zur tatkräftigen Unterstützung unseres Teams. Interessierte Bewerber melden sich bitte unter der Telefon-Nr. 02 21 / 2 57 79 15, Herr Scharrenberg

2 Wir suchen:
Erfahrene Lageristen
Arbeitsgebiet:
  Führung eines Großlagers für
  Baumaterialien (4 Lagerarbeiter)
Wir bieten:
  angemessene Bezahlung,
  Arbeitskleidung,
  geregelte Arbeitszeit
Wir erwarten:
  Zuverlässigkeit, Geschick im
  Umgang mit Arbeitskollegen
Fa. Rudolf Ruck, 50937 Köln
Am Nussberg, Tel. 27 86 94

3
Obstverkäuferin
Kassiererin
Auffüller
für unseren Supermarkt für sofort oder später gesucht. Schriftliche Bewerbung erbeten an: Unkelbach, Luxemburger Str. 270, 50939 Köln (Klettenberg), Tel. 446044/45

4 **Jugendlicher,** 15-16 Jahre, ehrlich, zuverlässig, für Metzgerei gesucht. Fleischerfachgeschäft, Venloer Str. 361, Darmstadt 12764

5 Wir stellen noch
2 Auszubildende,
Berufsbild: Lagerfachhelfer
nach § 48 BBiG ein.
Richten Sie bitte Ihre Bewerbung mit Lichtbild an: Elbe Gelenkwellen Service GmbH, Bleriotstraße, Düsseldorf

6 Wir suchen zum sofortigen Eintritt:
jüngeren Beifahrer
Gute Bezahlung, geregelte Arbeitszeit und beachtliche Sonderleistungen werden geboten. Besuchen Sie uns und lassen Sie sich von unserem Herrn Kirch ein Angebot machen.
Schlembach am Friesenplatz

7 **Ausbildungsplatz, Elektroinstallateur**
ab 1.10.91, Altstadt-Nord, S L 5495 KStA 50667 Köln, Breite Straße 70

Lesen Sie die Anzeigen.
Sagen Sie zu jeder Anzeige, wie Sie sich bewerben sollen.

Überprüfen Sie, welchen Informationsgehalt diese Stellenangebote haben.
Lesen Sie die Anzeigen der Reihe nach durch und entscheiden Sie jeweils, welche Punkte darin berücksichtigt sind.

Eine Stellenanzeige sollte über folgende Punkte Auskunft geben:

- Name der Firma
- gesuchte Arbeitskraft
- Arbeitsgebiet (Tätigkeitsbereich)
- Ort der Beschäftigung
- Einstellungsdatum
- Leistungen der Firma (Löhne, usw.)
- Erwartungen der Firma

Kreuzen Sie in der Tabelle die zutreffenden Spalten an.

Nr.	Name der Firma	gesuchte Arbeitskraft	Ort der Beschäftigung	Arbeitsgebiet	Einstellungsdatum	Leistungen der Firma	Erwartungen der Firma	Punkte
1								
2								
3								
4								
5								
6								
7								

Die meisten Punkte und damit den höchsten Informationsgehalt hat die Anzeige Nr.

Gelbe Yellow
Seiten Pages
2 0 0 1

Stellenangebote

Sie kennen verschiedene Möglichkeiten der Stellensuche.

Schreiben Sie alle Möglichkeiten auf.

_____

_____

_____

_____

_____

_____

Berichten Sie von Ihren Erfahrungen bei der Stellensuche.

TIPP!

Ganz gleich, welche Möglichkeiten Sie gebrauchen, Sie werden sich bewerben müssen. Erfolg oder Misserfolg Ihrer Suche hängen auch von Ihrer Bewerbung ab. Dabei sind Regeln zu beachten, an die Sie sich halten sollten!

Regeln???

☐ Ich lasse die Leute zu mir kommen.

☐ Ich überlege vorher, was ich sage.

☐ Ich stelle die geforderten Unterlagen zusammen.

☐ Ich berichtige oder lasse berichtigen.

☐ Ich trinke mir Mut an.

☐ Ich überlege Antworten auf mögliche Fragen.

☐ Ich schicke jemand anders.

☐ Ich erscheine pünktlich und gepflegt.

☐ Mir fällt schon das Richtige ein.

☐ Ich lasse mir vom Lehrer helfen.

Kreuzen Sie an, was Ihrer Meinung nach richtig ist.

Sprechen Sie darüber. Streichen Sie dann das durch, was man nicht machen sollte.

Nachdem Sie einige Regeln kennen, die man bei der Bewerbung beachten sollte, wenden Sie sich nun dem Kapitel Bewerbung zu.

Bewerbung – fernmündlich

rede · persönlich
schreibe · richte · Zeitung
gehe · telefoniere

Setzen Sie die gedachten Wörter an der richtigen Stelle ein.
Die zutreffenden Wörter ergeben sich sprachlich aus dem Lückentext.
Für jede Stelle ist nur ein Wort da.

Ich _____ zur Arbeitsstelle und stelle mich _____ vor.

Ich _____ und _____ mit dem Personalchef.

Ich _____ an die angegebene Adresse.

Ich _____ meine Bewerbung über die _____ an die Firma.

Bevor man sich nach einer Stelle erkundigt oder vorstellt, sollte man mit der Firma einen Termin vereinbaren. Das kann schriftlich geschehen. Einfacher ist es zu telefonieren.

Möbel BRUCKNER

Chef · Personalchef · Buchhalter
Jemand · Arbeiter · Lehrling
Fahrer · Pförtner · Putzfrau · Hausmeister

Ich verlange am Telefon

den _____

oder den _____ .

Hilfen zur Vorbereitung auf das Gespräch.

Lesen Sie die Tabelle erst von links nach rechts, dann von oben nach unten.

Vorüberlegungen	Handeln
wer	ich
sagt	spreche
was	wegen einer Stelle
wann	nach Vereinbarung
zu wem	mit dem Meister/Chef
wie	höflich und freundlich
wozu und warum?	damit ich Erfolg habe

TIPP!

Machen Sie sich vor dem Gespräch Notizen. Schreiben Sie stichwortartig auf, was Sie sagen wollen. Das kann entscheidend sein.

Persönlich vorstellen

Detlev Dieter D. kommt früh morgens von einer Party und ist wiedereinmal pleite. Auf seinem Nachhauseweg geht er an einer großen Firma vorbei. Glücklicherweise fällt ihm ein, dass er zufällig eine Stellenanzeige von dem Laden gelesen hat. Kurz entschlossen stolpert er in das Gebäude, um sich vorzustellen. Detlev Dieter D. trägt noch das alte, bei der Party etwas schmutzig gewordene T-Shirt, seine schönsten Ohrringe und seine geliebte alte Lederjacke. Zum Glück hatte er sich die Haare gerade erst in einem schönen Grün gefärbt. So kann er den Leuten gleich mal zeigen, wer da kommt. Er stürmt schnurstracks an der Sekretärin vorbei in das Büro des Chefs. Als der Chef fragt, wer er sei, fällt er ihm ins Wort und verkündet voller Stolz, dass er der Neue sei. Auf die Frage, was er denn eigentlich wolle, fragt Detlev Dieter D. nach den Flocken. Weitere Fragen, die er aufgrund eines plötzlichen Schmerzes, den die abgebrannte Zigarette seinen Fingerspitzen bereitet, nicht richtig versteht, fragt er nicht nach, sondern labert weiter. Da er sich keine Fragen notiert hat, fällt es ihm immer schwerer, das Gespräch fortzuführen. Dringend braucht er Hilfen. Um diese zu finden und um seine Hilflosigkeit zu vertuschen, vermeidet er es, den Chef anzuschauen und richtet seinen Blick Hilfe suchend nach draußen auf die Straße. Als er dann dem Chef kauend sagt: „He Boss, ich brauch nen Schnaps!", fliegt er raus. Draußen stellt Detlev Dieter D. entrüstet fest, dass der Chef sich nicht für das Gespräch bedankt hat.

Lesen Sie den Text und tragen Sie ihn vor. Äußern Sie sich dazu.

Vielleicht wollen Sie das Gespräch in der Klasse selbst spielen. Erfinden Sie etwas dazu.

Schreiben Sie die Geschichte neu. Diesmal macht Detlev alles richtig.

Die Geschichte von Detlev Dieter D., der sich vorstellte und die Stelle bekam.

_____

_____

_____

_____

_____

_____

_____

_____

_____

_____

Tragen Sie vor.

Schriftlich bewerben

Folgende Punkte sind bei der schriftlichen Bewerbung wichtig:

1. Der Firmenchef (oder wer immer die Bewerbung prüft) kennt die Bewerber in der Regel nicht persönlich. Er ist zunächst auf geschriebene Auskünfte (Informationen) angewiesen.

2. Je informativer Bewerbungsunterlagen sind, desto genauer kann man sich ein Bild über den Bewerber machen.

3. Zu den Bewerbungsunterlagen gehören: – das Bewerbungsschreiben,
   – ein Lebenslauf,
   – Kopien der letzten Zeugnisse,
   – ein Lichtbild.

TIPP!

Mangelhafte Bewerbungsunterlagen vermitteln einen schlechten Eindruck.

Wieso? _____

_____

_____

_____

Muster für ein Bewerbungsschreiben

(1) Martin Geffert   (2) Köln, 20.06.2001 Paradiesgarten 72 50968 Köln (3) Bäckereibetriebe Unkelbach Herrn W. Weber Luxemburger Str. 270 (4) 50937 Köln (5) Bewerbung um eine Ausbildungsstelle (6) Sehr geehrter Herr Weber, (7) aufgrund Ihrer Anzeige im Kölner Stadt-Anzeiger Nr. 161 vom 03.06.2001 bewerbe ich mich um eine Ausbildungsstelle als (8) Bäcker in Ihrem Betrieb. (9) Ich besuche zurzeit noch die Klasse 10A der Theodor-Heuß-Schule und werde sie im Juli 01 mit dem Sekundarabschluss I verlassen. Im vergangenen Schuljahr habe ich als Praktikant in einer Bäckerei gearbeitet. Danach habe ich mich entschlossen, diesen Beruf zu erlernen. (10) Über eine Einladung zu einem persönlichen Gespräch freue ich mich. (11) Die geforderten Unterlagen sind meinem Bewerbungsschreiben beigefügt. (12) Mit freundlichem Gruß (13) Martin Geffert (14) Anlagen: Zeugniskopie, tab. Lebenslauf, 1 Passfoto

Die Aussage in Ziffer 7 sagt, woher man von der Stelle weiß. Weiterführende Kenntnisse und Erfahrungen für die angestrebte Tätigkeit gehören unter Ziffer 9.

Haben Sie weiterführende Qualifikationen für einen Beruf?
Sprechen Sie darüber.

Schriftlich bewerben

Schreiben Sie eine Bewerbung für eine Tätigkeit, die Sie gerne ausüben würden.
Setzen Sie das Datum ein und denken Sie sich die Firma aus. Der Aufbau des Schreibens
ist durch die Ziffern vorgegeben. Was die Ziffern anzeigen, entnehmen Sie dem Wortkasten.
Richten Sie sich nach dem Musterbeispiel.

> *Absender 1 · Ort und Datum 2 · Anschrift 3 und 4 · Grund des Schreibens 5 · Anrede 6 · Bezugnahme 7 · Berufsbezeichnung der angestrebten Tätigkeit 8 · gegenwärtige Beschäftigung 9 · persönliche Erwartung 10 · Hinweis auf Bewerbungsunterlagen 11 · Grußformel 12 · eigenhändige Unterschrift 13 · Anlagen 14.*

1 _____   2 _____

_____

_____

Tel.

3 _____

_____

_____

4 _____

5 _____

6 _____

7-9 _____

_____

_____

_____

_____

10 _____

_____

11 _____

_____

12 _____

13 _____

14 _____

Natürlich entfallen die Ziffern bei einem wirklichen Bewerbungsschreiben.

Der ausführliche Lebenslauf

Text A

Ich kam 1984 in dem vielbesuchten Eifelstädtchen Monschau im Tal der Rur zur Welt. Mein Vater, Peter Höller, ist von Beruf Autoschlosser. In seiner Freizeit beschäftigt er sich am liebsten mit seiner Briefmarkensammlung, auf die er sehr stolz ist. Ich interessiere mich überhaupt nicht für Briefmarken. Dafür lese ich viel, am liebsten Bücher von Karl May.

Meine Mutter ist in der Kaiserstadt Aachen geboren. Dort wohnen viele meiner Verwandten, die wir regelmäßig besuchen. Meine Mutter arbeitet halbtags als Büglerin in einer Schnellreinigung. Einen richtigen Beruf hat sie nicht gelernt. Das bedauert sie heute oft.

Ich habe einen älteren und einen jüngeren Bruder. Wir verstehen uns gut. Mein älterer Bruder ist Lehrling in einer großen, modernen Schlosserei. Mein jüngerer Bruder besucht noch die Hauptschule, in der ich bis 2000 auch gewesen bin. Ich erinnere mich gerne an meine Schulzeit, obwohl ich keine besonders gute Schülerin war. Nur im Sport war ich die Beste. Aber für Sport habe ich jetzt keine Zeit mehr. Ich möchte Friseuse werden.

Düren, den 20. Juni 2001

Ruth Höller

Text B

Martin Geffert   Köln, 20. Juni 2001
Paradiesgasse 7
50765 Köln

Lebenslauf

Ich wurde am 21. Februar 1984 in Köln geboren. Meine Eltern sind der Versicherungsangestellte Franz Geffert und seine Ehefrau Gertrud geb. Schultes. Ich habe zwei ältere Brüder und eine jüngere Schwester. Von meinen Brüdern ist der eine zurzeit bei der Bundeswehr, der andere in einer Feinmechanikerlehre. Meine Schwester besucht die Hauptschule. 1990 wurde ich eingeschult.

Von 1994 an besuchte ich die Hauptschule, aus der ich 2000 mit dem Sekundarabschluss I entlassen wurde. Den Fächern Physik/Chemie und Werken galten meine besonderen Neigungen.

Zur Fortbildung besuchte ich den Kursus „Mathematik für technische Berufe" der Volkshochschule.

Beide Texte enthalten verschiedene Angaben.
Lesen Sie die beiden Texte.

Kreuzen Sie an, welche der geforderten Angaben sie enthalten.

	Text A	Text B		Text A	Text B
1. Name	☐	☐	8. Beginn des Schulbesuchs von – bis	☐	☐
2. Geburtsort	☐	☐	9. Abschlusszeugnis	☐	☐
3. Wohnort	☐	☐	10. Interessen	☐	☐
4. Name der Eltern	☐	☐	11. Weiterbildung	☐	☐
5. Berufe der Eltern	☐	☐	12. Freizeithobbys	☐	☐
6. Geschwister	☐	☐	13. Unterschrift	☐	☐
7. Berufe der Geschwister	☐	☐			

Vergleichen Sie die Eintragungen in den beiden Spalten miteinander.

Untersuchen Sie Text A näher. Streichen Sie alle Stellen, die überflüssig sind, durch.

Welche wichtigen Angaben fehlen in Text B?

Schreiben Sie auf einem weißen Blatt Ihren Lebenslauf in Aufsatzform. Gelegentlich wird von den Betrieben auch diese Form gewünscht. Orientieren Sie sich in Form und Inhalt an Text B.

Der tabellarische Lebenslauf

Die Betriebe erwarten heute in der Regel vom Bewerber/der Bewerberin einen tabellarischen Lebenslauf. Das ist eine gegliederte Tabelle wichtiger Lebensdaten.

Tragen Sie Ihre Daten ein.

Lebenslauf

	heften Sie an den Lebenslauf Ihr Lichtbild

Name: _____

Anschrift: Straße _____

Ort | | | | | | _____

Telefon: Vorwahl _____ Rufnummer _____

Geburtsdatum: _____

Geburtsort: _____

Eltern: _____

_____

Geschwister: _____

Besuchte Schulen: _____ von ___ bis ___

_____ von ___ bis ___

_____ von ___ bis ___

_____

Schulabschluss: _____

Lieblingsfächer: _____

Besondere Kenntnisse: _____

Hobbys: _____

Ort/Datum: _____

_____
Unterschrift

Die Punkte Lieblingsfächer / besondere Kenntnisse / Hobbys sind nicht unbedingt erforderlich.
Wann sollte man sie dennoch aufführen?

Das Bewerbungsgespräch

Wer etwas erreichen will, muss sich auf den Gesprächspartner richtig einstellen.

Sprechen Sie über das Bild.

Wie man sich richtig verhält, wissen Sie schon.

Bedenken Sie auch genau, was Sie sagen.

Dies fällt umso leichter, je mehr Wörter Sie zur Verfügung haben, um Ihre Gedanken auszudrücken.

Mögliche Fragen des Chefs nach:	Mögliche Fragen des Bewerbers nach:
Interessen · Vorkenntnissen · Schulabschluss · Lebenslauf · Freizeitgestaltung Arbeitseifer · Fahrgelegenheit usw.	Arbeitszeiten · Lohn · Tätigkeiten · Betriebsklima · Berufsschule · Aufstiegschancen Arbeitskleidung · Kantine usw.

Wortmaterial

Tätigkeitswörter (Verben)

> heißen - bewerben - interessieren - suchen - haben - sein - lernen
> bitten - wissen - danken - fahren - arbeiten - besuchen - vorhaben
> versuchen - erkundigen - wünschen - weiterbilden - verdienen
> vereinbaren - annehmen - überlegen - bereitfinden - zustimmen -

Hauptwörter (Nomen)

> Lohnsteuerkarte - Schule - Ausbildung - Arbeitszeit - Lohn - Tätigkeit - Fahrgelegenheit - Zeugnisse - Arbeitsklima - Werkmeister - Papiere - Eltern - Arbeitseifer - Pünktlichkeit - Girokonto - Zuverlässigkeit - Charakter - Eignung - Schicht - Überstunden Betriebsferien - Termin - Interessen - Zeit - Aufstiegschancen -

Bilden Sie Sätze, die Sie in einem Bewerbungsgespräch sagen würden.
Das Wortmaterial kann Ihnen dabei helfen.

_____

_____

_____

_____

_____

_____

Lesen Sie Ihre Sätze vor.

H. Milz · Bäckereibetrieb · Konditorei / Cafe
BAUMSCHULALLEE 70 · 53947 NETTERSHEIM

Herrn
Otto Frölich
Emil-Kreuser-Straße 20

53894 Mechernich

Nettersheim, 28.07.2001

Einstellung

Sehr geehrter Herr Frölich!

Aufgrund Ihrer persönlichen Vorstellung mit einer Mitteilungskarte des Arbeitsamtes sind wir grundsätzlich bereit, Sie ab 01.09.2001 für unsere Auslieferung einzustellen. Wir vereinbarten mit Ihnen, dass dieses Beschäftigungsverhältnis zunächst bis zum 31.12.2001 befristet ist, da wir uns der zukünftigen allgemeinen wirtschaftlichen Lage anpassen müssen. Die Zeit vom 01.09. bis zum 15.11. gilt auch als Probezeit. Wir geben der Hoffnung Ausdruck, dass, wenn Sie die Probezeit bestanden haben, wir Sie in unserem Hause weiter beschäftigen können. Das Arbeitsverhältnis kann während der Probezeit mit täglicher Kündigung aufgelöst werden. Für Ihre Tätigkeit vereinbarten wir einen Bruttolohn je Stunde von 10,-- EUR. Wir erwarten Sie zum Dienstantritt am Montag, den 03.09., morgens um 6.30 Uhr.

Ihr Einverständnis mit den vorgenannten Bedingungen wollen Sie auf der beigefügten Durchschrift dieses Vertragsschreibens durch Ihre Unterschrift bestätigen und uns umgehend zurücksenden.

Wir freuen uns auf Ihre Mitarbeit.

Mit freundlichen Grüßen

H. Milz

Mit den vorgenannten Bedingungen bin ich einverstanden und werde meinen Dienst am 03.09.2001 um 6.30 Uhr beginnen.

Datum: ___31. 07. 2001___   ___*Otto Frölich*___
   (Unterschrift)

Bevor Sie ein Arbeitsverhältnis beginnen, wird zwischen Ihnen und Ihrem Arbeitgeber ein schriftlicher Vertrag geschlossen. Außer den Namen der Vertragspartner müssen in einem Arbeitsvertrag folgende Punkte geregelt sein:

- Bezeichnung der Tätigkeit
- Beginn des Arbeitsverhältnisses
- Dauer der Probezeit
- Lohn
- Urlaubsregelung
- Kündigungsfristen

Überprüfen Sie den Arbeitsvertrag. Stellen Sie fest, ob er alle 6 Punkte enthält.

Keine Aussagen sind enthalten über _____

_____

Welche verschiedenen Begriffe sind im Text für das Wort „Arbeit" verwendet?

_____

Überlegen Sie, warum schriftliche Verträge sicherer sind als mündliche.
Führen Sie dafür Beispiele an.

Der Arbeitsvertrag

 Füllen Sie den Arbeitsvertrag vollständig aus. Nehmen Sie die Daten aus der Vereinbarung Milz/Frölich (vorige Seite). Weitere notwendige Angaben: 38,5 Stunden pro Woche, 24 Arbeitstage Urlaub, Urlaubsgeld 16,– EUR pro Tag, Gehalts-/Lohngruppe III.
Unterschreiben Sie den Vertrag für beide Vertragsparteien.
Schreiben Sie zuerst mit Bleistift.

Arbeitsvertrag

Zwischen der Firma _____

in _____
als Arbeitgeber/in
und
Herrn / Frau _____

in _____
als Arbeitnehmer/in

wird heute folgender Arbeitsvertrag geschlossen:

§ 1 Einstellung

1. Der/Die Arbeitnehmer/in wird ab _____

   als _____ eingestellt.

2. Der/Die Arbeitnehmer/in wird als Vollzeitkraft/Teilzeitkraft mit _____ Stunden wöchentlich eingestellt.

§ 2 Probezeit

Das Arbeitsverhältnis wird zunächst für die Zeit vom _____ bis _____ (höchstens drei Monate) zur Probe eingegangen und endet mit Ablauf dieser Probezeit, ohne dass es einer Kündigung bedarf. Während der Probezeit kann das Arbeitsverhältnis beiderseits mit einer Frist von zwei Wochen gekündigt werden. Wird das Arbeitsverhältnis über die Probezeit hinaus fortgesetzt, so geht es in ein unbefristetes Arbeitsverhältnis über.

§ 3 Vergütung

1. Gemäß der in §1 Ziffer 1 genannten Tätigkeit wird der/die Arbeitnehmer/in in die Gehalts-/Lohn-

   gruppe _____ des derzeit geltenden Gehalts-/Lohntarifvertrages für den Einzelhandel eingestuft.

2. Das vereinbarte Entgelt beträgt: je Stunde _____ EUR Brutto.

§ 4 Urlaub und Urlaubsgeld

1. Jeglicher Urlaubsanspruch entsteht erstmalig nach mehr als dreimonatiger ununterbrochener Betriebs-
   zugehörigkeit. Die Dauer des Urlaubs richtet sich nach den tariflichen Bestimmungen.

2. Der Urlaub beträgt demnach zurzeit _____ Werktage im Kalenderjahr.

3. Der/Die Arbeitnehmer/in erhält ein Urlaubsgeld entsprechend den tariflichen Bestimmungen.

   Das Urlaubsgeld beträgt demnach zurzeit EUR _____ .

§ 5 Kündigung

Dieser Arbeitsvertrag ist beiderseits mit einer Frist von einem Monat zum Ende eines Kalendermonats kündbar.

Ort _____ , den _____

_____   _____
Unterschrift Arbeitgeber   Unterschrift Arbeitnehmer

Angaben zur Person

① Name	② Vorname (Rufname)
Frölich	*Otto*

③ Geburtsname	④ Früher geführte Namen	verw.	gesch.	adopt.

⑤ Geburtsdatum	⑥ Geschlecht*	⑦ Staatsangehörigkeit
0 3 0 1 8 2	☒ männlich ☐ weiblich	*dt.*

⑧ Geburtsort

⑨ Art der Versicherung in der gesetzlichen **Rentenversicherung***
☒ Pflichtversicherter ☐ freiw. Versicherter ☐ vers.-pflichtiger Selbstständiger ☐ nicht versichert

Anschrift

⑩ Postleitzahl	Wohnort (gegebenenfalls mit Postort)
5 3 8 9 4	*Mechernich*

⑪ Straße und Hausnummer
Emil-Kreuser-Straße 20

Für den Arbeitgeber und bestimmte Einrichtungen (z. B. Einwohnermeldeamt, Krankenkasse, Versicherungen, Finanzamt usw.) sind exakte Angaben zur Person erforderlich. Diese Daten werden dann in Computer eingegeben, gespeichert und nach Bedarf abgerufen. Damit Ihnen keine Nachteile entstehen, wie z. B. eine Fehlleitung des Lohnes auf ein anderes Konto, weil die Kontonummer vielleicht falsch eingetragen ist, sind alle Angaben zur Person sehr sorgfältig auszufüllen.

- **Nehmen Sie sich Zeit.**
- **Benutzen Sie den Kugelschreiber.**
- **Schreiben Sie in Druckschrift.**
- **Beachten Sie die Abkürzungen.**
- **Kreuzen Sie überlegt an.**
- **Tragen Sie Daten sechsstellig ein.**

Benutzen Sie zuerst einen Bleistift. Kontrollieren Sie. Benutzen Sie dann einen Kugelschreiber. Begründen Sie diese Arbeitsanweisung!

Füllen Sie mit Ihren Personalien folgendes Formblatt aus:

① Name	② Vorname (Rufname)

③ Geburtsname	④ Früher geführte Namen	verw.	gesch.	adopt.

⑤ Geburtsdatum	⑥ Geschlecht*	⑦ Staatsangehörigkeit
	männlich weiblich	

⑧ Geburtsort

⑨ Art der Versicherung in der gesetzlichen **Rentenversicherung***
Pflichtversicherter freiw. Versicherter vers.-pflichtiger Selbstständiger nicht versichert

Anschrift

⑩ Postleitzahl Wohnort (gegebenenfalls mit Postort)

⑪ Straße und Hausnummer

Für jeden Buchstaben und für jede Ziffer steht ein Kästchen bereit.
Computergerechte Schreibweise: ä = ae, ö = oe, ü = ue.

NICHT | K | L | Ö | C | K | N | E | R |

SONDERN | K | L | O | E | C | K | N | E | R |

Warum ist es wichtig, Computerausdrucke sorgfältig zu prüfen?
Hatten Sie auch schon einmal Pech damit? Berichten Sie darüber.

Einen Unfall berichten

Ein Unfallbericht soll über den Hergang des Unfalles informieren.
Berichte dürfen keine eigene Meinung oder Bewertungen enthalten.
Sie müssen sachlich und genau formuliert sein.

Folgende Fragen sind zu beantworten.

1. Wer   ist am Unfall beteiligt?
2. Wo   hat sich der Unfall ereignet?
3. Wann   ist der Unfall eingetreten?
4. Was   ist geschehen?
5. Wie   ist es passiert?
6. Warum konnte es zu dem Unfall kommen?

Sprechen Sie über die Notwendigkeit dieser Fragen.

Lesen Sie folgenden Text.

Ich, Karl Tümmler, bin ein Freund Huberts und arbeite an der Bohrmaschine ca. 2 m nebenan. Als ich sah, wie Hubert umkippte, wurde es mir speiübel. Heute werde ich Hubert besuchen. Am Montag, dem 06. Aug. 2001, kam der 34-jährige Dreher Hubert Kempen wie jeden Morgen 5 Min. zu spät zur Arbeit, also erst um 06.35 Uhr. Der Meister rügte ihn wegen seiner Unpünktlichkeit. Hubert entschuldigte sich mit dem Hinweis, dass seine Frau, die während der Nacht mehrmals nach ihrem kranken dreijährigen Kind schauen musste, verschlafen habe. Danach ging Hubert in die Werkshalle und nahm seine Arbeit auf. Meiner Meinung nach hatten ihn die Vorwürfe unseres Meisters gerade an diesem Morgen so getroffen, dass er bei seiner Tätigkeit, die er schon seit drei Jahren ausübt, einen folgenschweren Fehler beging. Zwar setzte er seine Schutzkappe und die Schutzhandschuhe auf, bevor er anfing, die vorgestanzten Metallplatten an den gekennzeichneten Stellen zu durchbohren. Er vergaß, an das Werkstück die sichernde Halterung anzulegen. Gegen 06.45 Uhr schaltete er den Motor an, stellte die Umdrehungsgeschwindigkeit richtig ein und ließ die Bohrspindel hinunter auf die Platte. Das Metallstück rotierte auf dem Bohrtisch und zerschlug ihm das Handgelenk des linken Armes. Er schrie laut auf, wurde blass und fiel um. Der Unfallwagen brachte ihn ins Recklinghausener Krankenhaus bei Sankt Peter 7, 45657 Recklinghausen, wo ihn der Unfallarzt Dr. Bertram behandelte. Zurzeit liegt er traurig in einem Fünfbettzimmer. Nach dem Unfall ließ die Firmenleitung durch den dicken Sundermann nochmal nachdrücklich auf das Befolgen der Sicherheitsbestimmungen hinweisen. Ich habe Huberts Arbeitstasche zu seiner Frau in die Friedrich-Wilhelm-Straße in R. gebracht.

Begründen Sie, warum das kein Unfallbericht ist.

Beantworten Sie die W-Fragen aus dem Text.

wer?	
wo?	
wann?	
was?	
wie?	
warum?	

Einen Unfall berichten

Tragen Sie die Angaben aus dem Text in die Unfallanzeige ein.
Schildern Sie unter ㉟ den Unfall sachlich.
Benutzen Sie die Antworten aus den W-Fragen. Schreiben Sie zuerst mit Bleistift.

UNFALLANZEIGE

Angaben zum Verletzten

⑤ Name, Vorname

⑦ Postleitzahl Ort
4 | 5 | 6 | 5 | 7 | *Recklinghausen*

Straße
Beisinger Weg 29

⑧ Familienstand
☐ ledig ☐ verheiratet ☐ verwitwet ☐ geschieden

⑨ Geschlecht
☐ männlich ☐ weiblich

⑩ Staatsangehörigkeit

⑪ Zahl der Kinder
unter 18 Jahren | zwischen 18 und 25 Jahren, soweit in Schul- od. Berufsausbildg.

⑫ Als was ist der Verletzte regelmäßig eingesetzt?

⑬ Seit wann bei dieser Tätigkeit? Monat | Jahr

⑭ In welchem Teil des Unternehmens ist der Verletzte ständig tätig?

⑮ Ist der Verletzte minderjährig, entmündigt oder steht er unter Pflegschaft? Ggf. Name und Anschrift des gesetzlichen Vertreters
☐ nein

⑯ Ist der Verletzte Unternehmer, Mitunternehmer, Ehegatte des Unternehmers oder mit diesem verwandt?
☐ nein ☐ Unternehmer ☐ Mitunternehmer ☐ Ehegatte ☐ verwandt
Art der Verwandtschaft

⑰ Krankenkasse des Verletzten (Name, Ort)
AOK   Recklinghausen

⑱ Hat der Verletzte die Arbeit wieder aufgenommen?
☐ nein ☐ ja am Tag | Monat

Angaben zur Verletzung

⑲ Verletzte Körperteile

⑳ Art der Verletzung

㉑ Welcher Arzt hat den Verletzten nach dem Unfall **zuerst** versorgt? (Name, Anschrift)

㉒ Ist der Verletzte tot?
☐ nein ☐ ja

㉓ Welcher Arzt behandelt den Verletzten **zurzeit**? (Name, Anschrift)

㉔ Falls sich der Verletzte im Krankenhaus befindet, Anschrift des Krankenhauses:

㉕ Unfallzeitpunkt Tag | Monat | Jahr

㉖ Hat der Verletzte die Arbeit eingestellt?
☐ nein ☐ sofort ☐ später, am | Tag | Monat

㉗ Beginn der Arbeitszeit des Verletzten

㉘ Ende der Arbeitszeit des Verletzten Stunde | Minute

Angaben zum Unfall

㉙ Unfallstelle /genaue Orts- u. Straßenangabe, auch bei Wegeunfällen)

㉚ An welcher Maschine ereignete sich der Unfall? (auch Hersteller, Typ, Baujahr)

㉛ Welche technische Schutzvorrichtung oder Maßnahme war getroffen?

㉜ Welche persönliche Schutzausrüstung hat der Verletzte benutzt?

㉝ Welche Maßnahmen wurden getroffen, um ähnliche Unfälle in Zukunft zu verhüten?

㉞ Wer hat von dem Unfall zuerst Kenntnis genommen? (Name, Anschrift des Zeugen)

War diese Person Augenzeuge?
☐ nein ☐ ja

㉟ Ausführliche Schilderung des Unfallherganges (bei Verkehrunfällen auch Angabe der aufnehmenden Polizeidienststelle)

Vorgänge beschreiben

Kartentricks rufen oft Erstaunen und Anerkennung hervor. Sie sind allerdings häufig schwer zu durchschauen, kaum zu erhalten und nicht leicht vorzuführen. Aber auch hier gibt es Ausnahmen. Die vier folgenden Darstellungen verraten einen Kartentrick, der verblüfft und den Sie selber anwenden können.

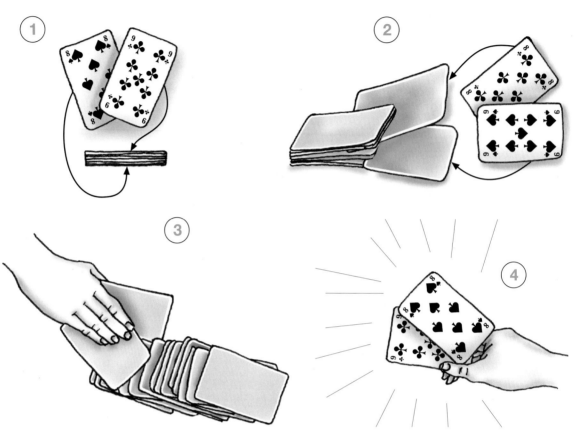

Besprechen Sie die Vorgänge und benutzen Sie dabei die vorgegebenen Sprachanweisungen.

①	②	③	④
Kartenspiel zwei bestimmte Spielkarten oben unten	zwei bestimmte Spielkarten an beliebiger Stelle in das Spiel stecken lassen. Rückenmuster zum Zuschauer	Daumen Greiffinger untere - obere Karten Rest rausfallen lassen	Drehbewegung Handgelenk Handfläche zwei bestimmte Spielkarten

Sie haben sicher den Trick durchschaut. Worin besteht die Täuschung?

_____

_____

_____

_____

Vorgänge beschreiben

Damit Sie den Trick auch gekonnt vorführen können, ist es notwendig, dass Sie ihn mehrmals alleine üben. Dabei müssen Sie auch die Reihenfolge der einzelnen Vorgänge genau beachten. Sie brauchen also so etwas wie eine Gebrauchsanweisung, die Sie sich selber schreiben können. Das hat den Vorteil, dass Sie sich den Ablauf besser einprägen.

Beschreiben Sie nun den gesamten Kartentrick. Die Partikeln helfen Ihnen bei der Reihenfolge. Benutzen Sie die Sprachanweisungen der Vorseite.
Wählen Sie die – man – Form.

PARTIKELN vorher · zwischen · dann · nun · darauf · abschließend · danach anschließend · jetzt · hierauf · schließlich · endlich · zuletzt · zuerst

Ein verblüffender Kartentrick _____

_____

_____

_____

_____

_____

_____

_____

_____

_____

_____

_____

_____

_____

_____

Versuchen Sie nun die Anwendung Ihrer Beschreibung.
Wer sich geschickt anstellt, kann den Trick noch verfeinern und ausbauen.

TIPP!

Nach der Vorführung des Tricks sollte man wie selbstverständlich das Kartenspiel wiederaufnehmen und die beiden Karten darauf legen.
Wird man bedrängt, den Trick zu erklären, dann macht man es nicht!
Die Zuschauer würden nur enttäuscht sein, wie einfach der Trick doch wirklich ist!

Kennen Sie andere Tricks?
Zeigen Sie diese.

Ein Mofaschlauch wird geflickt

Im Alltag werden häufig Arbeiten notwendig, die nach einem bestimmten Vorgangsschema durchzuführen sind. Der Praktiker hält wie von selbst die richtige Reihenfolge ein. Nicht jeder kann das auf Anhieb. Deshalb wird der Vorgang in kleinen Schritten beschrieben.

Der folgende Text beschreibt die Einzelschritte eines Vorgangs.
Lesen Sie die Einzelschritte.

☐ man löst das Rad vom Rahmen

☐ man zieht den Schlauch heraus

☐ man dreht das Ventil wieder ein

☐ man holt die notwendigen Hilfsmittel

☐ man hebt den Mantel an einer Seite ab

☐ man legt eine Unterlage auf den Boden

☐ man schraubt das Ventil heraus

☐ man pumpt den Schlauch auf und zieht ihn durch ein bereitstehendes Gefäß mit Wasser

☐ man klebt laut Gebrauchsanweisung den Flicken auf

☐ man lässt die Luft heraus, trocknet den Schlauch und raut die schadhafte Stelle auf

☐ man räumt seine Hilfsmittel weg

☐ man entdeckt die undichte Stelle und kennzeichnet sie

☐ man überprüft den Schlauch nochmal, ob er dicht ist

☐ man fügt das Rad wieder in den Rahmen ein und befestigt es

☐ man entfernt das Ventil, legt den Schlauch ein, stülpt den Mantel in die Fassung, befestigt das Ventil und pumpt den Reifen auf

☐ man stellt das Mofa auf den Ständer

Der Schreiber hat nicht folgerichtig (logisch) gedacht und geschrieben.
Ordnen Sie den Text so, dass die Einzelschritte in der richtigen Reihenfolge stehen.
Benutzen Sie zur Kennzeichnung die Ziffern 1-16.
Wichtig! Schreiben Sie die Ziffern zuerst mit Bleistift.

Tragen Sie vor.
Sprechen Sie über die richtige Reihenfolge.

Ein Mofaschlauch wird geflickt

Beschreiben Sie nun den gesamten Vorgang so, dass der Ablauf richtig ist.

Schreiben Sie den Vorgang in der – Ich – Form.

Setzen Sie die Partikeln von Seite 57 sinnvoll ein.

So entsteht eine

Vorgangsbeschreibung

Der Arbeitsnachweis – Bericht

Kunden erhalten über ausgeführte Arbeiten eine Rechnung. Darin sind die Arbeitszeit und das Material berechnet. Diese Angaben erhält der Arbeitgeber aus dem Rapportzettel. Das ist meistens ein Formular, in das Sie folgendes eintragen müssen:

- **Art der Leistung** (z. B. behobene Mängel)
- **Dauer der Arbeitsleistung** (Uhrzeit von-bis)
- **Anzahl der Arbeitsstunden** (in Std. u. Min.)
- **Anzahl der Fahrtstunden** (in Std. u. Min.)
- **Anzahl der Gesamtstunden** (in Std. u. Min.)
- **Anzahl der gefahrenen Kilometer**
- **Aufführung des gebrauchten Materials**
- **Unterschriften und Datum**

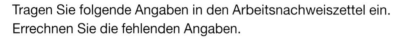

Tragen Sie folgende Angaben in den Arbeitsnachweiszettel ein.
Errechnen Sie die fehlenden Angaben.

08.30 - 11.45	3 Sack Zement à 3,50 EUR
45 Min. für An- und Abfahrt	8 m² Bodenfliesen à 16,95 EUR
20 km eine Strecke	1 cbm Rheinsand à 9,00 EUR
11.07.2001 Kunde: Peter Braun	Arbeiter: Sie

BERICHTZETTEL

Uhrzeit		Arbeits-Stunden	Fahrt-Stunden	Gesamt Stunden	davon Überstunden			gefahrene km
von	bis				25 %	50 %	100 %	

Material		Teile Nr.	An-zahl	Einzelpreis EUR	Cent	Gesamtbetrag EUR o. MWSt. Cent

Materiallieferungen und Arbeiten erfolgten gemäß unseren umseitigen allgemeinen Geschäftsbedingungen. Die vom Monteur festgestellten Mängel gem. IV habe ich zur Kenntnis genommen.

Unterschrift des Kunden: Datum   Monteur:

_____   _____   _____

Ihre Unterschrift bedeutet, dass alle Angaben richtig sind.
Der Kunde bestätigt das durch seine Unterschrift.

Stadt 🦅 Köln

7123 5 7291 1

Der Oberstadtdirektor

Postanschrift: Stadt Köln · Postfach 103564 · 50475 Köln

125-012667-02   07.01   1,10

Frau
Annegret Welter
Marktstraße 13b

50735 Köln

Amt für öffentliche Ordnung
Verkehrsüberwachung
Jülicher Str. 6
50674 Köln

Sprechzeiten:	Mo.-Fr. 8.00-12.00 Uhr
	und nach Vereinbarung
KVB-Linien:	1, 2, 6, 15, 19, 136, 146
Haltestellen:	Rudolfplatz, Roonstraße
Auskunft erteilt:	Frau Meier
Ruf:	(0221) 221-1234
Telefax:	(0221) 221-4321
Zimmer:	11
Datum:	2. 7. 2001
Geb.-Datum:	15. 8. 1957

Schriftliche Verwarnung/Anhörung

Verwarnungsnummer: 7123 5 7291 1
Bitte bei allen Zahlungen und Rückfragen angeben!

Für das Fahrzeug mit dem amtlichen Kennzeichen   K-AW 13   Fabrikat   Ford Fiesta

wurde am   26.07.2001   um/von   07.43 – 07.47   Uhr

in Köln   Dellbrück, Auf dem Parkplatz
            Dellbrücker Hauptstr.

folgende Ordnungswidrigkeit festgestellt:

Sie parkten ohne Parkschein auf o.a. gebührenpflichtigem Parkplatz.

Schreiben Sie auf, weshalb Frau Welter die schriftliche Verwarnung bekommen hat.

Der Betroffenen wird zur Last gelegt, am _____

_____

_____

_____

Lesen Sie vor.

Haben Sie schon mal einen Bußgeldbescheid bekommen?
Erzählen Sie davon.

Widerspruch einlegen

Frau Welter ist entrüstet. Sie kann sich an den Tag noch genau erinnern. Sie weiß, dass sie an dem Parkplatz vor einer Parkuhr geparkt hat. Da sie es eilig hatte, war sie froh, die freie Parklücke gefunden zu haben. Frau Welter nahm mehrere Münzen und versuchte, sie in den Einwurfschlitz des Parkuhrautomaten zu werfen. Vergebens! Der Parkuhrautomat war defekt. Jetzt muss sie sich die Höhe der Geldbuße ansehen.

Wegen dieser Ordnungswidrigkeit(en) wird gegen Sie			
1. eine Geldbuße festgesetzt (§ 17 OWiG) in Höhe von		EUR	5,–
2. ein Fahrverbot angeordnet (§ 25 StVG) auf die Dauer von _____ Monat(en)			
3. außerdem haben Sie die Kosten des Verfahrens zu tragen (§§ 105, 107 OWiG i. V. m.			
§§ 464 Abs. 1, 465 StPO . . . . a) Gebühr		EUR	5,–
Die Hinweise bei einem Fahrverbot und Zahlungsaufforderung auf der Rückseite sind Bestandteile dieses Bescheides.	b) Auslagen der Verw.-Behörde	EUR	3,–
	c) _____	EUR	
	Gesamtbetrag:	EUR	13,–

Wie setzt sich der Gesamtbetrag zusammen?
Frau Welter überlegt, ob sie bezahlen soll.

Was würden Sie machen? Begründen Sie.

_____

_____

_____

_____

Frau Welter will Einspruch einlegen. Was sie dabei beachten muss, steht in der Rechtsbehelfsbelehrung.

Rechtsbehelfsbelehrung.
Dieser Bußgeldbescheid wird rechtskräftig und vollstreckbar, wenn Sie nicht **innerhalb von zwei Wochen** nach seiner Zustellung schriftlich oder zur Niederschrift bei der oben genannten Behörde Einspruch einlegen.
Wird der Einspruch schriftlich eingelegt, so ist die Frist nur gewahrt, wenn der Einspruch vor Ablauf der Frist bei dieser Behörde eingegangen ist.
Wichtige Hinweise bei einem Einspruch
Der Einspruch muss in deutscher Sprache abgefasst sein. Sie haben die Möglichkeit, bis zum Ablauf der Einspruchsfrist die Tatsachen und Beweismittel zu benennen, die Sie im weiteren Verfahren zu Ihrer Entlastung vorbringen wollen; hierzu sind Sie nicht verpflichtet. Falls entlastende Umstände nicht rechtzeitig vorgebracht werden, können Ihnen, unabhängig vom Ausgang des Verfahrens, Nachteile bei der Kostenfestsetzung entstehen.
Bei einem Einspruch kann auch eine für Sie nachteiligere Entscheidung getroffen werden.
Nimmt die Verwaltungsbehörde den Bußgeldbescheid trotz Ihres Einspruches nicht zurück, so leitet sie den Vorgang über die Staatsanwaltschaft an das zuständige Amtsgericht zur Entscheidung weiter.

Wann wird der Bußgeldbescheid rechtskräftig?

_____

Was heißt nach seiner Zustellung?

_____

Wann ist der Einspruch fristgerecht?

_____

Wer entscheidet über den Einspruch?

_____

Widerspruch einlegen

Schreiben Sie anstelle der Frau Welter den Einspruch.
Beachten Sie dabei den Bußgeldbescheid und den tatsächlichen Sachverhalt.
Denken Sie an die Fristen. – Datum –

Frau
Annegret Welter
Marktstraße 13b   Köln, _____

50735 Köln

Stadt Köln
Der Oberstadtdirektor
Amt für öffentliche Ordnung/Verkehrsüberwachung
Jülicher Straße 6

50674 Köln

Einspruch gegen den Bußgeldbescheid vom _____

Aktenzeichen Nr.: _____

Sehr geehrte Damen und Herren!
Hiermit lege ich fristgerecht gegen den Bußgeldbescheid Einspruch ein.

Begründung: _____

_____

_____

_____

_____

_____

Mit freundlichem Gruß

Tragen Sie vor.

Was müssen Sie tun, damit Sie im Zweifelsfall beweisen können, dass Sie den Einspruch
fristgerecht abgeschickt haben?

_____

TIPP!

Lesen Sie bei allen „Strafzettel" gründlich die Rechtsbehilfs-belehrung, manchmal heißt sie auch Rechtsmittelbelehrung. Beachten Sie im Ernstfall die Zahlungsaufforderung.

Wohnungssuche

Fast jeder muss sich einmal eine Wohnung suchen. Im Anzeigenteil der Zeitungen werden Wohnungen angeboten. Hilfreich sind Tageszeitungen, die in dem Ort erscheinen, in dem Sie wohnen möchten.

Versuchen Sie die Anzeigen zu lesen.

Zwei-Zi-Whg. Kpl. Küche, Bad insg. 32 m² – 1 Wohnraum maklerfrei, sofort zu vermieten Kaltmiete 250,– EUR Schneider, Braunschweig, Mass-Straße 27	Appartement, 28 m² Küche, Diele, Bad, Abstellraum – zum 1.8.2001 Miete 195,– EUR zzgl. 11,– EUR Uml. Ruf Berlin 4523	Sachsenhausen, 1 Zi. Kochn., Wannenbad, Kaltmiete 210,– EUR + NK an alleinstehenden ruhigen Mieter abzugeben Kaution 1 Monatsmiete Immobilien Hager Tel. 6739	Augsburg-Stadtmitte Dachwohnung 34 m² 1 Zi.-Küche-Diele-Bad baldmöglichst zu vermieten – provisionsfrei Miete 280,– EUR incl. NK. Nach 14 Uhr bei Schwarz, Berliner Str. 28, Tel. 1795, außer samstags
①	②	③	④

Unterstreichen Sie in den Anzeigen alle Abkürzungen und Fremdwörter.
Hier sind die Abkürzungen und Fremdwörter geordnet und erklärt.

Appartement – Wohnung
Immobilien – Grundstücke - Häuser
incl. – inclusiv
inclusiv – einschließlich
insg. – insgesamt
Kaution – Geldbetrag als Sicherheit (für die Einhaltung von Abmachungen)
Kochn. – Kochnische
kpl. – komplett
komplett – vollständig
Makler – Geschäftsmann, der für andere gegen Provision kauft, verkauft, mietet oder vermietet (siehe Provision)

maklerfrei – ohne zusätzliche Kosten für eine Vermittlung
NK – Nebenkosten (siehe Umlage)
Provision – Geld für die Tätigkeit des Maklers und ähnlicher Berufe
provisionsfrei – ohne Provision
qm – Quadratmeter
Uml. – Umlage (Kosten für Wasser, Heizung und so weiter, die auf die Mieter eines Hauses aufgeteilt werden)
WC – Wasserklosett
Whg. – Wohnung
Wohnr. – Wohnraum
Zi. – Zimmer
zzgl. – zuzüglich

Welche Anzeige gibt am wenigsten Auskunft? Die Anzeige Nr. ◯

Schreiben Sie die Erklärungen zu den Abkürzungen und Fremdwörtern aus der Anzeige ③ in die Spalten.

Abkürzungen/ Fremdwörter	Erklärungen	Abkürzungen/ Fremdwörter	Erklärungen

Lesen Sie vor.

Vorsicht!
In einer Anzeige kostet jeder Buchstabe Geld.

Zeichnen Sie den Grundriss Ihrer Traumwohnung. Schreiben Sie anhand der Zeichnung einen eigenen Anzeigentext. Denken Sie an Ihre Preisvorstellung und die Adresse. Stellen Sie die Ergebnisse auf einer Wandtafel aus.

Tomatensoße zu Spagetti

Text I. S. m. B. u. P.
S. in T. m. W. g.
S. in k. W. k. l.
c. 10
S. holen
S. absch. m. k. W. abschr.
B. in P. ausl.
S. u. B. a. T.
K. a. b. T.
g. A.

Text II. Spag. m. Butter u. Parm.
Spag. in Topf m. W. geben
Spag. in koch. Wasser kochen l.
10 Min. ca.
Sieb holen
Spag. absch. m. kaltem W. abschrecken
Butter in Pf. ausl.
Spag. u. Butter auf Teller geben
Käse auf bes. T.
g. App.

Vergleichen und entschlüsseln Sie
die beiden Texte.

Welchen Text kann man nicht entschlüsseln?
Warum nicht?

Lassen Sie sich folgendes Rezept von Ihrem Partner diktieren. Versuchen Sie, das Gehörte
möglichst schnell abzukürzen. Danach wechseln Sie die Rollen.

Text III.

Tomatensoße zu Spagetti

Die fertige Tomatensoße aus dem Päckchen nach Anweisung zubereiten und mit Sahne, Oregano,
Knoblauch und Weißwein abschmecken. Die Soße mit Schinkenwürfelchen anreichen.
Soße, Spagetti und Parmesankäse in Schüsseln geben und servieren. Zuerst die Spagetti auf den
Teller geben, die Tomatensoße hinzufügen und mit Parmesankäse bestreuen. Guten Appetit!

Text IV. _____

_____

_____

_____

_____

_____

Decken Sie den Text III. ab.
Lesen Sie jetzt Ihren abgekürzten Text IV.

TIPP!

**Kürzen Sie so ab, dass Sie und andere den
Text auch später noch entschlüsseln können.**

Abkürzungen

vh., Nr., geb., begl., ggf., gest., usw., DFB, z. B., rk., ges., gesch., ev., led., verw., ADAC, adopt., ehel., vergl., z. Z., e.V., DIN, VfL, d.h., unehel., Forts., BGB, Bl., Bd., WC, STGB, i.A., i.V., STVO, St.amt, BRD, rechtskr., DB, AOK, DGB, AG, Versnr., ZDF, RTL, evtl., Betr., ARD, s.o., Reg. Bez., Bafög, Azubi, IHK, ca., StAA, BGS, Dr.

Warum werden die Abkürzungen so häufig gebraucht?

Schreiben Sie die zutreffende Abkürzung neben den entsprechenden Begriff.
Benutzen Sie die Druckschrift und einen Farbstift.

das heißt		ehelich		rechtskräftig	
eingetragener Verein		Blatt		unehelich	
eventuell		Fortsetzung		Standesamt	
beglaubigt		Radio Tele Luxemburg		Versicherungsnummer	
adoptiert		Strafgesetzbuch		geboren	
Allgemeine Ortskrankenkasse		Nummer		Straßenverkehrsordnung	
ledig		und so weiter		römisch-katholisch	
gestorben		Staatsangehörigkeits-Ausweis		Bundesrepublik Deutschland	
zurzeit		vergleiche		verheiratet	
circa		Betreff		Deutscher Gewerkschaftsbund	
Deutsche Bundesbahn		Regierungsbezirk		verwitwet	
gegebenenfalls		evangelisch		Zweites Deutsches Fernsehen	
gesehen		zum Beispiel		Deutsche Industrie Norm	
geschieden		in Vertretung		siehe oben	
im Auftrage		Bürgerliches Gesetzbuch		Deutscher Fußball Bund	
Bundesausbildungs-förderungsgesetz		Auszubildender		Wasserklosett	
Arbeitsgemeinschaft der öffentlich-rechtlichen Rundfunkanstalten der Bundes republik Deutschland		Industrie- und Handelskammer		Allgemeiner Deutscher Automobilclub	
		Band		Aktien Gesellschaft	
Bundesgrenzschutz		Verein für Leibesübungen		Doktor	

Fälle oder Felle?

Paul bekam beim Fischessen eine Grete in den Hals.
Der Priester erteilt den Gläubigen den Sägen.
Die Goldmedaille ist für den erfolgreichen Sportler eine Ähre.
Die Durchsage der Lottozahlen erfolgt ohne Gewehr.
Ria tritt im Sommer ihre erste Ställe an.
In der deutschen Grammatik gibt es vier Felle.
Der Abt leitet den Orden mit Zucht und Stränge.
Die Trauernden beten für die Säle der Verstorbenen.

Lesen Sie die Sätze. Was fällt Ihnen auf?

Unterstreichen Sie die falsch verwendeten Wörter.

Schreiben Sie die Sätze jetzt mit den richtig verwendeten Wörtern auf.

_____

_____

_____

_____

_____

_____

_____

_____

_____

_____

e oder ä? Setzen Sie das zutreffende Wort in die Lücke.

Der Tennisprofi gewinnt das Match in fünf _____ . (Sätzen - setzen)

Die _____ ist ein Nadelbaum. (Lärche - Lerche)

Der _____ streut die Saat aus. (Sämann - Seemann)

Die Menschen der Steinzeit sammelten _____ . (Bären - Beeren)

_____ die Unterschrift unter den Vertrag. (Sätze - setze)

Hörst du, wie schön die _____ singt? (Lärche - Lerche)

Im Zoo stehen die Kinder staunend vor den _____ . (Bären - Beeren)

Nach langer Fahrt verlässt der _____ das Schiff. (Sämann - Seemann)

Lesen Sie vor. Vergleichen Sie.

Worträtsel

Vervollständigen Sie bitte die einzelnen Sätze, indem Sie die gesuchten Wörter auf die vorgezeichneten Linien schreiben. Setzen Sie anschließend die angegebenen Buchstaben aus den gesuchten Wörtern in die Kästchen. Von oben nach unten gelesen nennen sie das Lösungswort. Schreiben Sie das Lösungswort unter das Worträtsel. Es nennt eine Stadt in Nordrhein-Westfalen.

Denken Sie daran: Städtenamen sind Nomen!

1. Die Durchsage der Lottozahlen erfolgt ohne ☐ _____
   2. Buchstabe

2. Der Vater meines Großvaters ist mein ☐ _____
   1. Buchstabe

3. Die Waldarbeiter
   benutzen zum Holzfällen elektrische ☐ _____
   1. Buchstabe

4. Ein Tier mit zwei Höckern heißt ☐ _____
   1. Buchstabe

5. Am 1. des Monats ist die Zahlung der Miete ☐ _____
   5. Buchstabe

6. Das Wort Stränge ist die Mehrzahl von ☐ _____
   3. Buchstabe

7. Die beschädigte Uhr repariert der ☐ _____
   6. Buchstabe

8. Der Jäger erlegt das Wild mit dem ☐ _____
   5. Buchstabe

9. Die Gebrüder Grimm
   schrieben das Märchen von Hänsel und ☐ _____
   3. Buchstabe

10. Der Priester erteilt am Ende der Messe den ☐ _____
    5. Buchstabe

Die gesuchte Stadt heißt: | | | | | | | | | | |

Buchstabieren und Nachschlagen

Damit man Wörter schnell finden kann, ordnet man sie nach dem ABC. Dabei kommt es nicht nur auf den ersten Buchstaben an. Auch der 2., 3., 4., … Buchstabe eines Wortes entscheiden, an welcher Stelle das Wort im Duden erscheint.

☐ ausmalen	☐ Braut	☐ Kleid
☐ ausströmen	☐ Brauch	☐ klein
☐ ausdrücken	☐ Brause	☐ Kleister
☐ aussteigen	☐ braun	☐ Klee

☐ Schleuse
☐ Schlinge
☐ Schleife
☐ schlank

☐ Gertrud
☐ Gerste
☐ Gerade
☐ Geräusch

☐ Manöver
☐ Mandeln
☐ Manieren
☐ Manipulation

☐ Parade
☐ Parmesan
☐ Paris
☐ Parodie

☐ Trompete
☐ Trottel
☐ Tropen
☐ Trost

Nummerieren Sie in den Blöcken die Wörter nach ihrer alphabetischen Ordnung. Geben Sie die Reihenfolge mit den Ziffern 1-4 an.

Ordnen Sie nun auch die folgenden Wörter nach dem Alphabet. Schreiben Sie diese alphabetisch auf. Das ist eine mühsame Arbeit. Man macht leicht einen Fehler.

> verlieren · verpassen · Vergesslichkeit · Verordnung · verschlafen · verärgern verspäten · verachten · verkommen · verarzten · verdrängen · veräußern · verleihen versterben · versinken · verspotten · Vergehen · vorsprechen · Vorgehen vorangehen · vorausschauen · Vorspiel · vorzeigen · Vorahnung · vorkommen vorwitzig · Vorteil · vorwärts · vortäuschen · vorgehen · Vorschuss · Versicherung

Benutzen Sie den Bleistift. Streichen Sie im Kasten die erledigten Wörter durch.

1 _____	9 _____	17 _____	25 _____
2 _____	10 _____	18 _____	26 _____
3 _____	11 _____	19 _____	27 _____
4 _____	12 _____	20 _____	28 _____
5 _____	13 _____	21 _____	29 _____
6 _____	14 _____	22 _____	30 _____
7 _____	15 _____	23 _____	31 _____
8 _____	16 _____	24 _____	32 _____

Lesen Sie vor.
Einige Wörter haben mehrere Bedeutungen.
Wieso?

HINWEIS!
Die Vorsilben vor- und ver- werden immer mit v geschrieben.

Fremdwörter

Schreiben Sie die einzelnen Fremdwörter heraus und erklären Sie diese.
Wenn Sie die Bedeutung nicht genau kennen, schauen Sie im Fremdwörterbuch nach.
Gehen Sie alphabetisch vor.

1. Projektion	6. Thema	11. Station	16. Korrektur
2. Profit	7. Debatte	12. Rationalisierung	17. Montage
3. Ideologie	8. Ration	13. Organisation	18. Massage
4. Koalition	9. Rotation	14. Funktion	19. Agitation
5. Detail	10. Diskussion	15. Argument	20. Reklamation

Fremdwort	Bedeutung
Agitation	*aufrührerische Hetze, aufreizende politische Werbung*

Lesen Sie Ihre Arbeit vor. Sprechen Sie darüber.
Suchen Sie für die Bedeutungen Beispiele.

Jeder Schüler, jede Schülerin sucht ein schwieriges Fremdwort im Fremdwörterlexikon
heraus und denkt sich eine andere Definition für den Begriff aus. Diese trägt er/sie gemeinsam mit der Definition aus dem Lexikon der Klasse vor. Die Gruppe muss nun erraten,
was das Wort wirklich bedeutet.

Verben als Fremdwörter

Jedem der folgenden Fremdwörter sind drei Bedeutungen zugeordnet. Nicht alle sind richtig. Kreuzen Sie die richtigen an.

Bilden Sie einen Satz, in dem das Fremdwort richtig vorkommt. Schreiben Sie ihn auf.

Begriffe	Bedeutungen		Ihre Sätze
1. montieren:	erfinden	☐	
	zusammenbauen	☐	
	abreißen	☐	
2. reklamieren:	verkaufen	☐	
	anpreisen	☐	
	beanstanden	☐	
3. installieren:	einrichten	☐	
	anschließen	☐	
	verlegen	☐	
4. diskutieren:	abstimmen	☐	
	erörtern	☐	
	berichtigen	☐	
5. produzieren:	herstellen	☐	
	verbringen	☐	
	aufhalten	☐	
6. isolieren:	nachahmen	☐	
	absondern	☐	
	abdichten	☐	
7. ruinieren:	zerstören	☐	
	vormachen	☐	
	entfärben	☐	
8. kritisieren:	gewinnen	☐	
	versuchen	☐	
	bemängeln	☐	
9. dekorieren:	auslegen	☐	
	verzieren	☐	
	schmücken	☐	
10. interviewen:	fördern	☐	
	schleudern	☐	
	befragen	☐	

Tragen Sie Ihre Sätze vor.

das oder dass?

Seit mehreren Schuljahren versuchen Sie die richtige Schreibweise das - dass.
Sicher haben Sie schon in der Grundschule die Regel lernen müssen: Kann man „das"
durch dieses, jenes, welches ersetzen, wird es mit „s" geschrieben. Diese Regel ist richtig.
Wahrscheinlich werden Sie jedoch mit der Anwendung dieser Regel Schwierigkeiten haben.

Versuchen wir es mal auf eine andere Art und Weise.

„das" kann zu drei Wortarten gehören.

● „das" als Geschlechtswort (Artikel)

Das Mädchen ist nett.
Artikel

„Das" als Artikel steht vor dem Nomen und wird mit „s" geschrieben.

Bilden Sie 3 Beispiele, in denen der Artikel „das" enthalten ist.
Kennzeichnen Sie ihn entsprechend.

_____

_____

_____

● „das" als rückweisendes Fürwort (Relativpronomen)

Das Mädchen, das nett ist, verlässt die Wohnung.
Relativpronomen

> Vor dem Relativpronomen
> steht immer ein Komma.

„Das" als Relativpronomen: wird mit „s" geschrieben und

steht hinter dem Nomen	hier: hinter Mädchen
steht für das Nomen	hier: für Mädchen
weist auf das Nomen zurück	hier: auf Mädchen

Bilden Sie 3 Beispiele, in denen „das" als Relativpronomen steht.
Kennzeichnen Sie es entsprechend.

_____

_____

_____

● „das" als hinweisendes Fürwort (Demonstrativpronomen)

Das kann ich.
Demonstrativpronomen

„Das" als Demonstrativpronomen weist auf etwas hin. Es wird mit „s" geschrieben.

Bilden Sie 3 Beispiele, in denen „das" als Demonstrativpronomen steht.
Kennzeichnen Sie es entsprechend.

_____

_____

_____

Lesen Sie Ihre Beispiele vor. Nennen Sie bei jedem Beispiel die zutreffende Wortart - das -
Alle diese drei Wortarten „das" werden mit „s" geschrieben. Ganz gleich, welche es ist.
Sie müssen diese nur von der Wortart „dass" als Konjunktion unterscheiden.

das oder dass?

Das Schriftbild „dass" gehört nur zu einer Wortart, den Bindewörtern oder Konjunktionen. Diese Wörter verbinden Sätze miteinander.

Die Konjunktion „dass" wird immer mit „ss" geschrieben

Ich hoffe. Ich bekomme die Stelle.

Ich hoffe, | dass | ich eine Stelle bekomme.
Konjunktion

Hier sind zwei Sätze durch die Konjunktion - dass - verbunden.

Verbinden Sie die folgenden Sätze durch „dass". Beachten Sie die Zeichensetzung.

Ich höre. Die alte Dame verlässt die Wohnung.

Ich höre, dass _____

Ich sehe. Die Mannschaft gewinnt.

_____

Ich sage. Ich habe keine Lust mehr.

_____

Ich wünsche. Ich habe Glück.

_____

Setzen Sie nun den letzten Teil des Satzes an den Anfang.
Dann beginnt der Satz mit „Dass". Beachten Sie die Zeichensetzung.

Dass die alte Dame die Wohnung verlässt, _____

_____

_____

Lesen Sie vor.

Tragen Sie in die Lücken „das" oder „dass" ein. Entscheiden Sie, welche Wortart es ist.
Kennzeichnen Sie die Wortarten so:
Artikel 1 · Relativpronomen 2 · Demonstrativpronomen 3 · Konjunktion 4

Verhängnisvolle Ablenkung

Der Fußgänger bemerkte _*das 1*_ Fahrzeug zu spät. Er hatte übersehen, _____ die

Ampel für ihn auf Rot stand. Er hatte zu sehr auf _____ Mädchen geachtet, _____

aus der Straßenbahn stieg. _____ es noch sehr jung war, war _____ Letzte, was er

dachte. Der PKW erfasste ihn und schleuderte ihn über die Straße. Mit dem Notarztwagen

wurde er in _____ nächste Krankenhaus transportiert. Bald erwachte er aus seiner

Bewusstlosigkeit. „ _____ ich nicht auf die Ampel geachtet habe, schmerzt mich sehr,"

dachte er. _____ sollte ihm nicht wieder passieren.

Tragen Sie vor.
Haben Sie die Wortarten richtig benannt?

Haupt- und Gliedsätze

Kommas sind äußere Zeichen für „Pausen" in einem Gedankenablauf. Man kann durch sie einen Text leichter lesen und verstehen. Kommas können das Gemeinte nicht verbinden. Diese Aufgabe leisten bestimmte Wörter.

Unterstreichen Sie in den folgenden Sätzen die Wörter, die die aufgeschriebenen Gedanken verbinden.

Ulrike besucht die Disco, die ihrem Freund gehört.

Werner schwärmt für das Auto, das sein Vater fährt.

Da kommt der Schäferhund, der im Film mitgewirkt hat.

Die unterstrichenen Wörter stellen eine Verbindung zu dem davorstehenden Nomen her. Sie heißen Pronomen.

Weil sie sich auf etwas zurückbeziehen, nennt man sie Relativpronomen.

Stellen Sie ihren Bezug durch einen Pfeil dar. (Siehe Relativpronomen Seite 72)

Relativpronomen

---

dessen · denen · welche · welcher · dem · welches · den welchem · wessen · deren · welchen · was · der · die · das

---

Setzen Sie in die Leerstellen das zutreffende Relativpronomen. Jedes Relativpronomen, das in dem Wortkasten steht, muss genutzt werden. Benutzen Sie zuerst den Bleistift. Haken Sie die eingesetzten Wörter im Kasten ab.

1. Ich notiere mir die Anschrift des Sängers, _____ Autogramm ich haben möchte.

2. Die Kinder, _____ ich das Betreten des Rasens untersagt habe, spielen dort.

3. Die Dame, _____ mir zuwinkt, kenne ich vom Tanzen.

4. Der Kollege, _____ ich meine Meinung gesagt habe, lässt mich in Ruhe.

5. Jene Tante, _____ ich eine Karte geschrieben habe, hat angerufen.

6. Der Vater bestaunt sein Kind, _____ zum ersten Male Papa sagt.

7. Ich komme mit dem Wagen, _____ mein Vater mir überlassen hat.

8. Der Fahrer, _____ ich einen Vogel gezeigt habe, hat mich angezeigt.

9. Es ist der Neid, _____ ich mich schäme.

10. Die Angeklagten, _____ Aussagen falsch waren, wurden überführt.

11. Ich fragte den Mann, _____ am Schalter saß, nach der Richtung.

12. Das Mädchen sieht das Kleid, _____ es schon länger haben wollte.

13. Der Lehrer, _____ die Klasse betritt, stellt die Fehlenden fest.

14. Die Maschine, _____ neu angeschafft wurde, streikt.

15. Das Auto, _____ ich bestellt habe, hat lange Lieferzeit.

Unterstreichen Sie in jedem Satz den Teil, der durch das Relativpronomen eingeleitet wird und mit dem nächsten Komma oder Punkt aufhört.

Kreuzen Sie an, wo die Sätze mit Relativpronomen stehen können:

am Anfang des Satzes ☐   im Satz ☐   am Ende des Satzes ☐

Lesen Sie die Sätze noch einmal. Lassen Sie nun den unterstrichenen Teil weg. Übrig bleiben die Hauptsätze. Die anderen sind Gliedsätze.

Haupt- und Gliedsätze

Der kürzeste Hauptsatz aus den Sätzen 1-15 lautet:

Die Maschine streikt.

Dieser Satz besteht aus drei Wörtern, aber nur aus zwei Bausteinen. Der eine Baustein ist der Satzgegenstand. Er tut etwas, oder etwas wird mit ihm getan. Der Satzgegenstand steht immer im ersten Fall. Die Frage nach dem ersten Fall heißt wer oder was? Also lässt sich der Satzgegenstand durch diese Frage ermitteln.

Wer oder Was streikt?   Antwort: die Maschine

Der Satzgegenstand des Satzes heißt: die Maschine

Er kann aus mehreren zusammengehörigen Wörtern bestehen und heißt in der Fachsprache „Subjekt."

Der andere Baustein ist der Satzkern. Er wird aus dem Verb gebildet. In der Fachsprache heißt der Satzkern „Prädikat."

Das Prädikat dieses Hauptsatzes heißt: streikt

Ein Hauptsatz besteht mindestens aus den Bausteinen Subjekt und Prädikat. Meistens ist er ausgebaut (erweitert).

Unterstreichen Sie in folgenden Sätzen das Subjekt blau und das Prädikat rot.

1. Der Kunde bestellt beim Verkäufer die fehlende Ware.

2. Das Warensortiment wird überprüft.

3. Der Personalchef gratuliert dem Auszubildenden.

4. Der Betriebsvorsitzende wirbt für seine Gewerkschaft.

5. In der Arbeitspause reden die Kollegen über ein Länderspiel.

6. Auf die Einhaltung der Pausenzeiten achtet der Meister.

7. Zu Beginn des Jahres trägt der Chef die Urlaubswünsche ein.

8. In der Berufsschule lernen die Auszubildenden die Theorie.

9. Am Arbeitsplatz herrscht ein gutes Betriebsklima.

10. Die Gehilfenprüfung steht vor der Tür.

Lesen Sie die Subjekte und Prädikate vor.
Welcher der 10 Sätze besteht nur aus den Bausteinen Subjekt und Prädikat?

Es ist der Satz Nr. ☐.

Haupt- und Gliedsätze

Lesen Sie die Hauptsätze und danach die Gliedsätze vor.

Hauptsätze	Gliedsätze
1. Petra will ins Kino gehen,	1. weil er den Libero versetzt hat
2. Es ärgert ihn,	2. nachdem die Arbeit geschrieben worden ist
3. Er köpft den Ball ins Tor,	3. falls sie darf
4. Bernd langweilt sich in der Schule,	4. sobald ich etwas erfahren habe
5. Ich werde dich anrufen,	5. dass er zu spät gekommen ist

Wodurch unterscheiden sich die Hauptsätze von den Gliedsätzen?

_____

_____

Tragen Sie vor.

Fügen Sie die Hauptsätze mit den Gliedsätzen zusammen. Verbinden Sie die Sätze so, dass die Satzgefüge einen Sinn haben.

_____

_____

_____

_____

_____

_____

Haupt- und Gliedsätze werden durch Kommas getrennt.

Der Gliedsatz kann auch vor dem Hauptsatz stehen. Probieren Sie es!

Nach einem Komma wird in der Regel klein geschrieben.

Überprüfen Sie Ihre Satzgefüge daraufhin. Vielleicht müssen Sie berichtigen.

Welche Wörter verbinden in den fünf Satzgefügen die Haupt- und Gliedsätze miteinander?

Schreiben Sie diese auf.

_____   _____   _____

_____   _____

Haupt- und Gliedsätze

Gliedsätze können vor und hinter dem Hauptsatz stehen. Sie lassen sich aber auch in den Hauptsatz einschieben. Jedoch nur da, wo der Hauptsatz es zulässt.

Schreiben Sie die Gliedsätze als eingeschobene Gliedsätze.

1. Petra will, falls sie darf, ins Kino gehen.

Welcher Hauptsatz lässt die Teilung nicht zu?

Unterstreichen Sie die Gliedsätze. Trennen Sie den Hauptsatz durch Kommas.
Suchen Sie sich noch ein Satzgefüge aus. Schreiben Sie dieses Satzgefüge so:

Gliedsatz als Vordersatz

Sobald ich etwas erfahren habe, werde ich dich anrufen.

Gliedsatz als Nachsatz

Ich werde dich anrufen, sobald ich etwas erfahren habe.

Gliedsatz als Zwischensatz

Ich werde, sobald ich etwas erfahren habe, dich anrufen.

Sind die Kommas gesetzt?
Lesen Sie vor.

Unterstreichen Sie in folgendem Text die Gliedsätze und setzen Sie die Kommas.

Weil die Heizung ausgefallen ist entschließt sich der Schulleiter zum vorzeitigen Schulschluss. Er teilt seinen Entschluss den Schülern mit nachdem er die Schulbusse vorbestellt hat. Vielleicht würde der Unterricht am nächsten Tage wieder ausfallen müssen falls die Anlage bis dahin nicht repariert sei. Sobald er genau Bescheid wisse werde er ein Rundschreiben losschicken. Alle Schüler freuen sich dass die Heizung nicht funktioniert.

Geben Sie dem Text eine Überschrift. Schreiben Sie diese auf die freie Linie.

Tragen Sie vor. Lesen Sie dann die Haupt- und Gliedsätze getrennt vor.
Versuchen Sie Haupt- und Gliedsätze umzustellen.

Die neuen Regeln der deutschen Rechtschreibung – kurz gefasst

 Seit August 1998 gelten die neuen vereinfachten Regeln der deutschen Rechtschreibung. Die Neuregelung umfasst eine Reihe von Vereinfachungen und Vereinheitlichungen. Hier finden Sie einige der wichtigsten Regeländerungen. Suchen Sie zu jeder Regel fünf weitere Beispiele.

ss oder ß?

Das ß wird nicht abgeschafft, aber weit weniger verwendet. Nach lang gesprochenen und zusammengesetzen Vokalen bleibt das ß. Es heißt also weiterhin Straße oder weiß. Anders nach kurzen Vokalen. Dann wird aus dem ß ein ss. *Reißen* behält also sein ß, der *Riss* aber nicht, genauso verhält es sich auch mit *beißen* und *Biss*, *schmeißen* und *er schmiss*. Aufgrund dieser Regel werden auch aus den *daß-Sätzen dass-Sätze.* Die Konjunktion (Bindewort) *dass* unterscheidet sich vom Artikel *das*. Relativpronomen *das* und Demonstrativpronomen *das*, welche auch weiterhin nur mit einem *s* geschrieben werden.

alt	neu	alt	neu	alt	neu	alt	neu
bißchen	bisschen	Faß	Fass	Imbiß	Imbiss	Prozeß	Prozess
Boß	Boss	Fluß	Fluss	er ißt	er isst	Schluß	Schluss
Einlaß	Einlass	gräßlich	grässlich	Kuß	Kuss		
eßbar	essbar	Haß	Hass	ich muß	ich muss		

Schreibung nach dem Stammprinzip

Wörter einer Wortgruppe werden einheitlich, vom Stammwort abgeleitet, geschrieben *(behände,* abgeleitet von *Hand,* statt *behende).* Zusammengesetzte Wörter bleiben vollständig erhalten, auch wenn zwei oder drei gleiche Buchstaben aufeinander folgen *(Rohheit* statt *Roheit; Schifffahrt* statt *Schiffahrt).* Dennoch, Drittel und Mittag bleiben wie bisher.

> **TIPP!**
> **Durch einen Bindestrich kann man unschöne und unübersichtliche Schriftbilder vermeiden: Auspuff-Flamme, Fußball-Länderspiel, Schnee-Eule, Tee-Ernte.**

alte Schreibweise	neue Schreibweise		alte Schreibweise	neue Schreibweise	
aufwendig	aufwändig	von: Aufwand	Tolpatsch	Tollpatsch	von: toll
belemmert	belämmert	von: Lamm	Bestelliste	Bestellliste	auch: Bestell-Liste
Gemse	Gämse	von: Gams	Brennessel	Brennnessel	auch: Brenn-Nessel
numerieren	nummerieren	von: Nummer	Gewinnummer	Gewinnnummer	auch: Gewinn-Nummer
plazieren	platzieren	von: Platz	Metallegierung	Metalllegierung	auch: Metall-Legierung
Quentchen	Quäntchen	von: Quantum	Kontrollampe	Kontrolllampe	auch: Kontroll-Lampe
Schenke	Schänke	von: Ausschank	Schrittempo	Schritttempo	auch: Schritt-Tempo
Stengel	Stängel	von: Stange	Rolladen	Rollladen	auch: Roll-Laden

In folgenden Einzelfällen werden die Wörter ebenfalls künftig angeglichen:

alt	neu	alt	neu	alt	neu
As	Ass	Känguruh	Känguru	Quickstep	Quickstepp
Haarfön	Haarföhn	Mop	Mopp	rauh/Rauhhaardackel	rau/Rauhaardackel
fritieren	frittieren	Platitüde	Plattitüde	Tip	Tipp

Es bleibt aber bei *fit* und *Top*.

Die neuen Regeln der deutschen Rechtschreibung – kurz gefasst

Zusammen- und Getrenntschreibung

Getrenntschreibung wird zur Regel, die nur wenige Ausnahmen kennt. Verbindungen von Verb und Nomen sowie von Verb und Verb werden aufgelöst: *Rad fahren* statt *radfahren, baden gehen* statt *badengehen.* Verben, die mit steigerungsfähigen Adjektiven verbunden sind, werden gleichfalls getrennt geschrieben *(schlecht gehen* statt *schlechtgehen).* Gleiches gilt für die Kombination von Verben mit *-sein, einander* und ähnlichem sowie für Verbindungen mit *-wenig, -viel, so-, wie* und *zu-.*

Vorsicht: Verbindungen mit *irgend* werden künftig zusammengeschrieben *(irgendjemand* statt *irgend jemand).*

Nomen plus Verb	
alt	neu
eislaufen	Eis laufen
kopfstehen	Kopf stehen
maschineschreiben	Maschine schreiben
probe fahren	Probe fahren

Verb plus Verb	
alt	neu
bleibenlassen	bleiben lassen
falschspielen	falsch spielen
kennenlernen	kennen lernen
sitzenbleiben	sitzen bleiben

Nomen plus Verlaufsform	
alt	neu
aufsehenerregend	Aufsehen erregend
fisch-/daten-/holz-/	Fisch/Daten/Holz/
metallverarbeitend	Metall verarbeitend
händchenhaltend	Händchen haltend
notleidend	Not leidend

Adjektiv plus Verb	
alt	neu
fernbleiben	fern bleiben
leichtfallen	leicht fallen
offenlassen	offen lassen
übriglassen	übrig lassen
verlorengehen	verloren gehen

Adjektiv plus Verlaufsform	
alt	neu
blondgefärbt	blond gefärbt
engbefreundet	eng befreundet
gutaussehend	gut aussehend
leuchtendblau	leuchtend blau
weitverbreitet	weit verbreitet

Wörter mit –sein und –einander	
alt	neu
aufeinandertreffen	aufeinander treffen
hintereinanderfahren	hintereinander fahren
nebeneinandersitzen	nebeneinander sitzen
beisammensein	beisammen sein
dabeisein	dabei sein

Silbentrennung

Die Trennung erfolgt nach dem natürlichen Sprechrhythmus. Das heißt, dass dem *st* die Trennung nicht mehr weh tut und *ck* grundsätzlich nicht mehr getrennt wird, sondern in die nächste Zeile rutscht.

Groß- und Kleinschreibung

Von nun an wird mehr groß geschrieben als bisher: Nomen in Verbindung mit Verben *(Recht haben)* und Präpositionen *(im Folgenden);* substantivierte Adjektive *(im Guten und im Bösen)* und Partizipien *(auf dem Laufenden);* Adjektivpaare *(aus Alt mach Neu);* Superlative *(aufs Äußerste);* Sprachen *(auf Englisch).* Im Gegensatz zu vorher wird jetzt aber auch einiges Neue kleingeschrieben: Ableitungen von Namen *(grimmsche Märchen);* Adjektive in festen Kombinationen *(erste Hilfe);* vertrauliche Anrede in Briefen *(wie du weißt…).* Das förmliche Anredepronomen *Sie* und das entsprechende Possesivpronomen *Ihr* werden aber weiterhin großgeschrieben.

alt	neu	alt	neu
zum besten geben	zum Besten geben	jeder fünfte	jeder Fünfte
den kürzeren ziehen	den Kürzeren ziehen	im übrigen	im Übrigen
sich in acht nehmen	sich in Acht nehmen	im großen und ganzen	im Großen und Ganzen
für arm und reich	für Arm und Reich	heute morgen/mittag/abend	heute Morgen/Mittag/Abend
fürs erste	fürs Erste		

Was finde ich wo?